U0360630

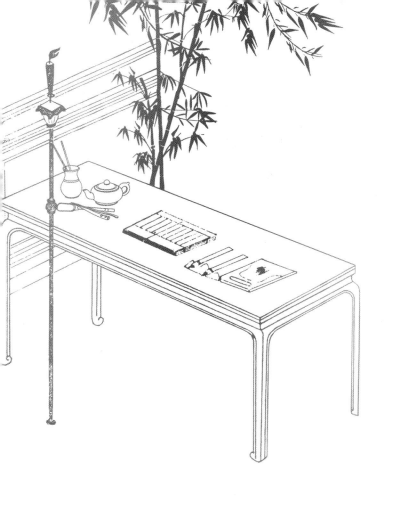

刑辩私塾

朱明勇 —— 著

清华大学出版社
北京

图书在版编目（CIP）数据

刑辩私塾 / 朱明勇著 . —北京：清华大学出版社，2021.9(2024.7重印）

ISBN 978-7-302-56353-2

Ⅰ . ①刑… Ⅱ . ①朱… Ⅲ . ①刑事诉讼－辩护－案例－中国 Ⅳ . ① D925.210.5

中国版本图书馆 CIP 数据核字 (2020) 第 167320 号

责任编辑：刘 晶
封面设计：徐 超
版式设计：方加青
责任校对：王凤芝
责任印制：宋 林

出版发行：清华大学出版社
　　　　　网　　　址：https://www.tup.com.cn，https://www.wqxuetang.com
　　　　　地　　　址：北京清华大学学研大厦 A 座　　　　　邮　　编：100084
　　　　　社 总 机：010-83470000　　　　　　　　　　　　邮　　购：010-62786544
　　　　　投稿与读者服务：010-62776969，c-service@tup.tsinghua.edu.cn
　　　　　质 量 反 馈：010-62772015，zhiliang@tup.tsinghua.edu.cn

印 装 者：三河市铭诚印务有限公司
经　　销：全国新华书店
开　　本：170mm×240mm　　　印　张：12.75　　插 页：2　　字 数：198 千字
版　　次：2021 年 9 月第 1 版　　印 次：2024 年 7 月第 4 次印刷
定　　价：89.00 元

产品编号：087061-02

愿做光，
照此土

从"教科书"到"私塾"

关于这本书的"预谋",最初形成于十多年前。

2010年以来,一大批成功辩护的案例接连涌现,让刑事辩护律师受到了前所未有的关注。但是,迅猛的刑辩热潮又在某种程度上让那些准备不及的追逐者迷茫了。他们奋不顾身地奔涌而至,以火热的情怀投身到这项因着公平正义而生,伴随着风险和荣耀,为权利而战的伟业中,只是很多时候,他们并不知道路在何方。我们也谨慎地发现,众多心怀梦想,秉持良善之心的辩护人似乎还没有很快地适应这一场场关乎生命、自由和权利的搏杀,也没有回答好一个又一个关乎人性、天理和良知的心灵追问。

于是,我就在反思,刑事辩护究竟该怎样做?刑辩律师到底该如何培养?

这个话题此前好像并没有人真正涉猎过。恢复律师制度后的第一批辩护律师就是在戴着大盖帽,腰挎盒子枪,手提铁铐子的英气中诞生的。直到1993年全国律师制度改革,辩护律师们才逐渐以合伙人的身份依依不舍地脱下制服,穿上西装,穿梭在看守所和法庭之间。我的记忆中,到了2004年我办理马廷新案件时,还是需要自己带着手铐把我的当事人铐在会见室的小石凳子上。

新入职的律师们急于找到可以学习的书籍,却不知道哪里有可以修炼的道场,整个行业的延续全仰仗从实习生到刑辩大律师那种自生自灭的偶然。

当下,刑法典中的罪名越来越多,越来越新鲜,当年"离婚、伤害加讨债"的法律业务早已经不是现代律师的主业。金融、证券、互联网、投资、并购、上市……诸如此类的传统的所谓高端非诉业务中也滋生出众多罪名来。且不说走私、毒品、诈骗、有组织犯罪和反腐领域，即便是对合同诈骗和寻衅滋事的辩护，在实践中也变得神秘莫测了。

的确，世界变化太快，大家其实都没有准备好。

一直在刑辩路上摸索的我，总想为年轻的刑辩律师做点什么。前些年恰好北京大学出版社在策划一套专门给年轻律师培训的系列丛书——《律师阶梯》，并向我发出邀约，希望我能写一本《律师阶梯——刑辩律师基础课》，我欣然应允。没有想到的是，拿起笔来，本是有无数感言和念头的我却又难以下笔。

是的，我把开拓一个全新的领域想得过于简单了。

我想把"刑事辩护"作为一门专业课程，从学术研究的角度探入，编写一本基础性的教材供法律专业，特别是供法律硕士专业的研究生使用。我想解决法科学子们在奠定了法学理论、熟读了万千法条后，依然不知如何办案的问题。我试图总结自己在多年的教学和实践中时时闪现的关于刑事辩护的点滴思考，我在脑海中反复构思：从体系的架构设置，到古今中外刑事辩护的基础理论；从各国的经典案例，到我们司法实践中的难题；从古老的逻辑、辩论、修辞，到管理学、经济学、政治学等全方位知识体系的交融……我尝试着创建一套关于刑事辩护的完美教学体系。但做好它，却是相当地艰难，以致于我迟迟无法动笔，终于，编辑的例行年终催稿变成了三年前终止出版计划的通知，我们都很遗憾。他们说，我们等得太久……

我想，也许真的是时机尚未成熟……

其实，在过去的十年间，我于刑辩领域的传道授业解惑从未停止过。

2016年，中国政法大学设立了刑事辩护研究中心，我担任了联席主任，五年来，我们以此为平台举办了每年一期的刑事辩护高级研修班，我们还协助司法部为法律援助律师开设了刑辩大律师讲堂，我们举办了一期又一期的刑事辩护沙龙，我们一次又一次出访美国、英国、日本，还有一些东南亚国家和地区……

还是在这一年，我给时任西北政法大学校长的贾宇老师提出相关建议，西北政法大学成立了刑事辩护高级研究院，我又受聘担任副院长，与院长田文昌老师一起致力于刑辩人才的培养。我们参考了哈佛大学、乔治敦大学等世界名校的法律诊所教学模式，开办了一期又一期的刑辩师资培训班。一年之后，还是我提议的刑辩方向研究生项目就在西北政法大学开始招生，目前第一届毕业生已经走上了刑辩岗位。

随后几年，清华、北大、人大、华东政法、中南政法等知名高校的法学院系大多成立了刑事辩护研究机构，包括这些学校在内的众多大学也纷纷开办了各种类型的刑事辩护研修班，我几乎都给他们上过课。

除此之外，应市场而生的一大批商业培训机构也开始探索刑事辩护领域的业务。

总之，这个市场热闹起来了。但是，这种知识点讲座式的培训到底能不能培养出优秀的刑辩律师？我一直心存疑惑。

另外，一直奔波在刑辩道路上的我也不忘将一路的故事收藏、记录。2015年清华大学出版社出版了我的《无罪辩护》，这本以办案手记形式展示的作品出人意料地以前所未有的销量不断地刷新法律类图书的纪录。

且行且思中，我发现在办案过程中我对刑事辩护律师的培养这一命题有了更深入的思考与理解，我尽可能多地将在各地的讲座、授课、研讨会，还有个案分析以及与学生和助理们的交流、与同行的切磋、具体案件的案后复盘等内容进行总结提炼，尝试整理出来，看看能不能以一种新的形式展现在世人面前。

刑事辩护是一门实践性非常强的 "技术性" 学科，法学理论只是基础以下的部分，如何收到好的辩护效果却不是教授在课堂上能教会的。

实际上，即便是学界也鲜有人专注研究刑事辩护的实践问题，学者徜徉在浩瀚的理论自洽中不可自拔，律师则奔走在会见、开庭途中乐此不疲，他们鲜有交集。

实践中，我们惊奇地发现很多脱颖而出的优秀刑事辩护律师，往往并不是法学科班出身，大多也并非名校学历，他们最明显的共性似乎都是阅历丰富、专业面广、思维独特。一路观察下来，我发现刑辩律师最重要的能力往往并不是理论学习的深浅和知识点掌握的多少，反而体现在是否具备特殊的刑辩思维。

那么，什么是刑辩思维？刑辩思维从何而来？至少，我认为绝不是读几本教材，上几次培训班所能获得的。

我有时候甚至极端地认为一个优秀的刑辩律师并不是培养出来的。道理很简单，对一个具体的自然科学技术问题而言，一般是学历越高、职称越高的人解决的可能性越大。但刑事辩护就彻底不同了。这个领域充满了太多的变数，同样的案件，不同的法官会有不同的判断，不同的地区也可能会判出不同的结果。至于辩护律师，那就更具特殊性了，不同的辩护人，同样的案件有的判了重刑，有的判了轻刑。有的案件一审律师辩护成了死刑，二审律师却可以辩护成无罪。有的案件在辩护律师的卓越辩护下，被检察机关一而再、再而三地变更罪名起诉，最后只好撤诉，这一切都充满了无尽的魔幻。实践中的司法简直就是一个万花筒，令人眼花缭乱。的确，刑事案件的审判和辩护本就没有所谓的"客观真相"，各方都在尽可能地讲述自己的"法律事实"。

一直以来，我坚持认为刑辩律师要有较高的悟性、快速学习的能力、严密的逻辑思维、独特的视角、穷尽一切的努力。同时，勇敢的精神、良善的内心也是一个优秀刑辩律师必须具备的职业品质。而这一切，都无法在成建制的教学中完成。某种意义上讲，这种能力或者品质的养成需要一种极具个性的感染，但这个过程是漫长的，它润物无声般以一种看不见的方式浸润着、滋长着，不知不觉中，美丽的翅膀在年复一年的一起起大要案的历练和磨难中破茧而出。

于是，我想到了我们传统教育的经典模式——私塾。

关于师傅带徒弟式的私塾教学，也存在所谓的"师傅领进门，修行在个人"的说法。我理想中的私塾里，可能并不需要明确、具体的学习教材和课程安排，而是持续不断地给学生们耳闻目睹的机会，直接体验暗流涌动的博弈和刀光剑影的搏杀。那么，可能只需要经历若干次大要案的庭前分析、庭审辩论，就可能点石成金，一案开窍。所以很难说，是哪一本书、哪一次培训成就了一名优秀的刑辩律师。

总结来说，我发现言传身教、耳濡目染、潜移默化才是刑辩律师成长的基本方法。我始终认为量化的，乃至规范化的模板完全不符合刑事辩护工作的自身规律，更不能满足高质量的刑事辩护那种充满良知、正义和同情心的带有神圣的价值评判的工作内核。因为，量化、规范化的管理学方案所能解决的也往往是可以复制和有唯一答案的问题，而刑事辩护永远没有唯一答案。

从介入案件前准确评判案件的辩护空间，到介入案件后的阅卷、会见、庭审，乃至背后一系列复杂、艰辛、烦琐的工作，全方位、沉浸式体验不同的刑事案件，随时面对并解决各种棘手的实际问题……这样的长期历练，是生动而具体的，严肃而苛刻的。近些年从我身边成长起来的青年律师就印证了"私塾"式教学的成功。他们可能初出茅庐，有些甚至刚拿到律师执业证，但是他们在很多重大案件的辩护中表现得相当出色，也取得了重大的成绩：他们甚至办成了二十年前的死刑案件改判无罪，办成了涉黑涉恶案件的改变定性乃至无罪撤诉，更不消说大量二审案件改判的结果。他们的工作我很难用会见几次、辩护词多少万字来衡量，我只能说我知道他们在每一起案件中都做到了殚精竭虑。

这些年来，我在很多场合讲到了刑事辩护中存在的无效辩护"套路辩"问题、有效辩护的"系统性辩护"、无罪辩护的"颠覆性辩护"问题，这些概念也为业界所普遍关注。

私塾模式尽管效果突出，但是碍于传统"私塾"资源的有限性，依然解决不了批量培养的问题。经过反复的思考和权衡，我选择用这样一种方式，试着把近年来我在带学生过程中的经验呈现出来，也许达不到身边有陪练的完美效果，但是可以给出一种思路、一种探索。

如果说《无罪辩护》更多的是通过个案讲辩护技术的话，那么《刑辩私塾》则是启发刑辩思维、领悟刑辩灵魂的进阶读物。同时也希望读者能从中感受到不断打磨的法律匠人精神。

可以说这本书是沥十余年之心血，锻磨成剑，这种全新的探索和尝试，也许没有"刑事辩护教科书"的严谨和周延，但我知道方向是对的，刑事辩护就应该是这样的一种感染和传承。

2019 年，我们在英国访问时还发现几百年前诞生了现代刑事辩护制度的英国，依然保持了刑事辩护律师培养的师徒传统模式，刑辩律师也大多保持个人律所的执业模式。它们的出庭大律师至今恪守不接触当事人的职业规范，甚至同样黑色的律师袍后边还保留着一个小小的装饰性钱袋，昭示着这一行并不把钱看在前边。

　　《刑辩私塾》承载了太多我个人在刑辩道路上的体会和感悟，本不足为外人道，但怀一颗赤诚之心，希望为更多年轻律师提供些许参考。如此小心谨慎的探索，想必还有很多不足，希望诸位读者不吝赐教，是为序言。

2021 年 8 月　写于遵义

目录

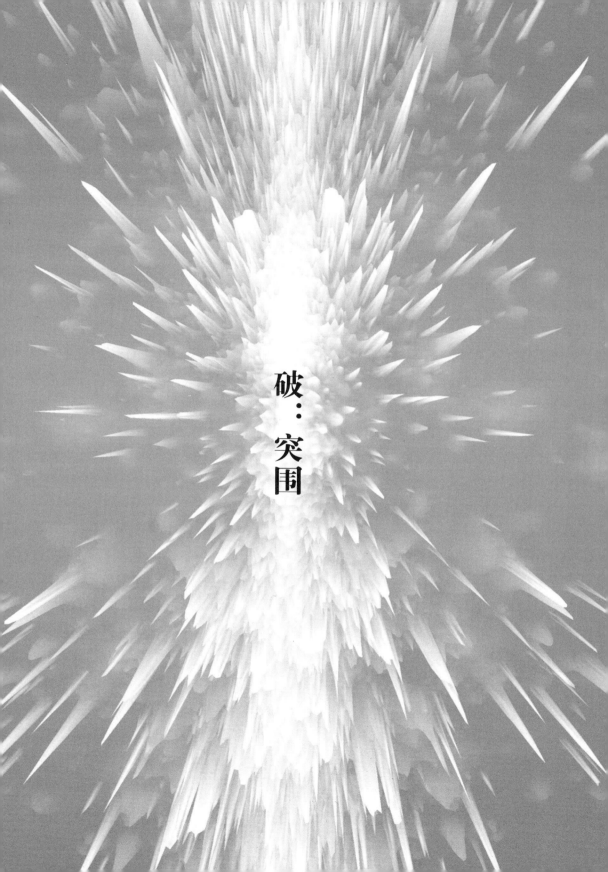

破：突围

刑事辩护的本质：对抗

　　我们把中国古代的历史捋一遍会发现，大致在春秋战国时期，中国历史上就有了辩护。中国历史上的第一位辩护人应该是邓析，我们看看他的行为，就知道辩护是什么了。

　　邓析所在的郑国也颁布法律，他所处的时代，颁布法律的时候也会公示告知。采用的方式是把要公布的法律写好，挂在城门墙上，广而告之，要让所有来来往往的人看到今天国家又颁布了什么法律。后来有一次，郑国制定了部法律，相当于我们现在的《道路交通安全法》，法律规定人走路必须先迈左脚，如果先迈右脚就是违法。这样的法律可能是出于当时的礼仪要求，即怎么样走才好看。

　　这对老百姓来说，就意味着出门之前要掂量好先迈左脚还是右脚，再加上有些人还分不清左右，实行起来就相当麻烦。邓析认为这个法律有点问题，觉得它不便于执行，就申请了相当于我们现在的"行政复议"。结果，官方给的说法是：我们就是这么规定的。

　　这提醒我们什么呢？作为刑辩律师，**在法律没有改的时候，我们就要想着怎么解读它**，这涉及法律解释。在上面的例子中，邓析就说：你说先迈左脚，那么你从什么时候开始计算？我说我从家里出来的时候是先迈的左脚，走到这里，你却看到我是先迈的右脚，你无法用证据来锁定，这说明被告人有辩解的理由。他就从这个方面，在当时的法律框架下，为当事人或者被告人找到了辩护的理由。官府也觉得他说得有道理，确实不能随便处罚。

　　事实上，从邓析身上，我们就会发现，他不仅研究了这个问题，还研究了好多在当时的法律框架下如何变通、解释法律的技术，为看似违反法律规定的人进行了辩护。他甚至还干了类似现在的上访的事情（现在越级上访要被劝退、拦截，古代也有）。古时候经常发布法律，规定不能聚在一起议论国事，等等。但老百姓又要反映意见，怎么办呢？他就开始给大家写信，说有什么要反映的可以告诉我，由我去集中反映。后来比较悲惨的是，他经常去提这个规定不合理、那个规定不合适，他还有新的解读方式，认为很多行为应该出罪。次数多了，就招致了一些人的反感。后来邓析被杀了，被谁所杀，历史也无定论，但我们从辩护的角度来说，可以认为春秋时期就有了辩护的现象。

　　后来的唐宋元明清也有比较典型的案件。清朝有位律师很厉害。有位 19 岁的妇女，丈夫死了，想改嫁，公公不同意。这位律师就写了 16 个字的诉状：氏年十九，夫死无子，翁壮而鳏，叔大未娶。现在我们的律师写个诉状洋洋洒洒——感情破裂的情况，恋爱结婚的历史，家暴，财产分割，等等。人家 16 个字每个字收了 100 两银子，最重要的是抓住了案件的精髓。就是说：妇女年少，丈夫死了，自己也没有儿子，家里还有个公公，正值壮年。而且还有个小叔子，小叔子没结婚。在这种情况下，年轻的女性在婆家，肯定会感到一种恐惧或者威胁。县太爷一看，就允许她改嫁了。这起婚姻官司，本质上体现出了律师的辩护思维。

　　中国古代其实是有类似律师辩护的制度的，只是没有"律师"这两个字的表达。一般认为，现代意义上的辩护制度是从英国来的。英国以前的刑事案件当中是不许被告人有辩护权的，指控你，你就接受审判。什么时候开始有辩护权的呢？大约是在 1696 年，当时有一个被告人涉嫌谋逆罪，这是一项重罪，国家就给他一项辩护的权利，给他指派辩护人。于是，人们开始思考，重罪有辩护权，轻罪该不该有辩护权？现代意义上的辩护的基础就在于："控"是代表国家指控犯罪，"辩"是自己或委托他人辩护，因此必须有对抗式的诉讼，这也是我们说"控辩要平等武装"的原因。否则一方面是公权力，另一方面是个人涉嫌犯罪却不允许辩护，那么国家想说谁犯罪就说谁犯罪，这就不平衡，不符合一般的正义观。

　　这还涉及休谟的认识论。休谟提了一点，说人要有一种将心比心的能力，或者说设身处地的场景想象力：如果是我处在这样的情景下，那怎样才是合理的。大家会不会发现，休谟说的人的自我感知有一种天然正义：我觉得这样是对的，那样是不对的。

大家会不会想到法律职业资格考试？以前流行一种非常有意思的说法，大致是说博士生考不过硕士生、硕士生考不过本科生、本科生考不过自考生。事实上，我们的确发现了这样的规律，就是因为读书读得多，反而找不到天然的正义所在了。今天看这个专家的观点，明天看那个专家的观点，每个专家都有自己的观点，但每个专家都是基于自己的成长历程、生活阅历和教育背景才形成了自己的观点的。每个人的阅历都是不同的，天天跟着某个领域或者学派读某些专家的书，就会受到他的观点的影响。法考中为什么会产生上述的现象？就是因为自考生很多是没受过系统训练的，他们对问题的思考凭的是自己本能的价值判断。而硕士生知道老师说了两个观点，博士生知道更多的观点，甚至国际上还有几个不同流派，主流的又是什么，这就容易形成上面说的那种现象，失去自我，失去本能。

休谟说将心比心，所有规则和法律都要满足将心比心的认知。从另一个角度，还可以看看霍布斯讲到的自然正义。人有自然权利，自然权利导致了自然法，自然法导致成文法。指控我犯罪总要允许我辩护吧，从古代到现在，从西方到东方，大家说的无非是最基本的认知。从休谟的将心比心，到霍布斯的自然正义，再到国家的法律规定，都认为应该给那些被追诉的人辩护的权利。

给了辩护权之后，又出现了新的问题，那就是辩护权要有价值取向。我们一般认为，刑事诉讼的价值包括追究犯罪，发现犯罪，也包括避免无罪的人受到追诉，保护人权。这涉及我们说的发现真实的两面性：发现犯罪，让所有犯罪的人不得逃脱法律的惩罚，这个层面叫积极真实；另一个层面是消极真实，也就是必须保障无辜的人不被错误定罪。这两个层面怎么权衡？我们中国特色的处理方式，在理论上比较好地解决了这个问题，那就是"不错放一个坏人，也不错抓一个好人"，但这是一个理想的状态，在实践当中很难实现。

一个案子，好像能定，又好像不能定，这就是遇到了疑罪怎么办的问题。如果保障无罪的人不受错误追诉，就可能推导出无罪推定这个基本原则；如果说宁可错杀三千也不放过一个，这也算一种原则。这涉及国家的、民族的价值取向。不同国家的价值取向是不同的，同一个国家不同时期的价值取向也是不同的。在社会管理层面，错杀还是错放存在程序上的选择，从逻辑层面讲，是选择两个错误还是一个错误的问题：如果我们抓了没有犯罪的人，又错误地把他定罪量刑，这样错抓了人之后也表明该抓的人没抓到，这就犯了两个错误；如果这个人是真正的犯罪分子，但因为证据的问题或者追诉时效的问题，必须把他放掉，公众会觉得他没有得到惩罚，这也是个错误。两害相权取其轻，用这样的标准分析可能就会得到答案：我们宁可犯一个错误，而不是犯两个错误。有了这样的分析和判断，你心里才有底，否则你很难说服自己。

接下来再看另一个问题，司法制度与律师是什么样的关系。

在刑事辩护层面，我们可以看到，世界上每个国家的形势都不一样。我经常会谈一个观点，可能某些人认为比较极端，但冷静下来想想也不是没有道理：社会科学不是有确定答案的学科，如果你搞明白了这一点，很多问题就能想通。如果你认为社会科学是精确的科学，可能就会出现严重的导向错误。

我们知道，世界上不同国家的政治制度不同，不同国家刑事审判制度不同，但是能确定地说哪个就特别好，哪个就特别差吗？自然科学是有终极的概念的，它的实验是可以重复实现的，比如，某种光的波长，中国和美国的研究结论是一样的；水的组成成分，全世界的科学家的结论都是一样的。但刑事辩护，北京和广东的律师一样吗？山东和浙江的一样吗？中国和美国的一样吗？针对相同的一个问题，北大教授和清华教授的观点一样吗？你能说他们谁是绝对正确的吗？必须要厘清这一点，社会科学是基于人的知识甚至是智商、成长经历而形成的。它不是真正意义上的有精确、肯定答案的科学。

为什么要讲这些事情呢？

一些学者可能在讲法理，讲霍布斯，可能讲一些观点，但是你研究过霍布斯是什么样的人吗？你有没有从霍布斯的成长经历，从他出生这一天开始研究他？有一种理论甚至认为，他的一些理念与他的出生有关。霍布斯是因为战争而早产的，所以他天生带着对社会的恐惧。对社会的恐惧导致了他在成长过程中有恐惧的心态，所以希望国家像家长一样管理、照顾我们。那我们的学者有没有注意到这一点？

再说说另外一个不同的人，就是我们刑法、刑诉法学者常提到的贝卡里亚，他是意大利人，两百多年前的顶级刑法学家。其实他并不是学法律的，为什么他能写出不朽的著作——5万多字的《论犯罪与刑罚》呢？这个篇幅都比不上现在的博士论文，那为什么能影响刑事法学界几百年？

就像大家关注的余金平案件，我没太仔细地去研读这个案件，但核心的关键词我倒是注意到了。那么多专家去研究他，写文章，从古到今，从法理到实务，从法律规定到司法解释……分析判三缓四和两年实刑哪个轻哪个重。

分析来分析去，我就想说一句话：你问被告人他自己的感觉和意愿不就清楚了吗？

比如一个打工者，可能更愿意接受两年实刑的处置，反正关了半年了。但如果说五年缓刑，五年之内不准离开居住的地区，这就有些问题了。因为他居住的地区是农村，他得出去打工啊，他不打工家里就没法吃饭，他就会说干脆在监狱里待两年算了。而一些单位规定，员工犯罪被判处缓刑的不用开除，被判实刑的就要被开除。如果他不想被开除，那他就希望被判缓刑。还有些人，他们明年要出国，什么手续都办好了，但是在缓刑期间还能出国吗？出不了，那还不如服完实刑再出去。而且这件案子在程序上也没什么好分析的。第一，上诉不加刑，就是上诉不得加重被告人的刑罚，但二审法院说抗诉了就可以加刑。但大家都知道，这个案子检察院抗诉是因为一审判太重而不是太轻了，二审法官这样说，会让人质疑他是否具备基本的法学素养，没有专家学者会从这个角度解释抗诉。如果觉得判轻了，也只能维持，通过审判监督再改——本着实体正义，可以改，但要通过审判监督来改。这种把问题复杂化的现象，在司法实践中时不时就会出现，当年的许霆案也是一样的。

再来说说司法制度与辩护。中国是什么样的司法制度？我们说是科层制度或者层级制度，上级法院一定要指导（实践中甚至是领导）下级法院。实践中有个词叫做内请制度，就是下级法院把自己的案件汇报到上级法院，希望上级法院给出指示，有的甚至是上级法院对定罪量刑有了明确的意见，下级法院才敢作出一审判决。这实际上破坏了我国宪法确定的两审终审制。

　　科层制度在中国特色的体制下，在实践中扩张得非常厉害，我们首先要关注有这样的现象，至于是否合理、怎么解决是另外一个话题。这个现象相当于：两个小孩打架，有时候不仅是爸爸妈妈要管，而且爷爷也要参与。我们的二审程序，事实、罪名都可以改，有的起诉书中没有的罪名，判决的时候却有了——这种情形还不仅仅是起诉的时候是这个罪名，判决的时候改了另一个罪名。更奇葩的是，起诉的时候没有起诉这一起事实，也没有说应该判什么罪名，但是判决里却有了新的罪名，而且对应的是新的事实。我就遇到过这种事情。

　　我之前给一个大型国企的高管辩护，他被指控合同诈骗罪。他一审不认罪，但有自首情节，被判了 8 年，上诉，然后发回重审，又判了 8 年，我是在第二次上诉时介入的。无罪的理由我们讲得很清楚充分了，但法院又觉得，判无罪又涉及国家赔偿的问题，就别出心裁，判了个起诉书中没有指控的罪名，但是免除处罚了。

　　他本来被控合同诈骗罪，是说他跟其他的公司合作，骗取维修费，虽然这个罪没判成，但起诉书中提到了他收取了购物卡，于是法院判了他非国家工作人员受贿罪，但是免除处罚，当庭释放。事实上，大家去研究这个案子也没什么太大的意义，我们知道有这样很奇葩的现象就行了，我们要思考的是遇到这些时问题要怎么办。

　　从春秋战国时期到今天为止，刑事诉讼的整体发展趋势是越来越强调对抗性，这种对抗性就是把控辩双方的焦点呈现在庭审中。我们强调以审判为中心就是这个意思，这是基于事实越辩越明的逻辑基础，庭审对抗这是趋势。这其中既包括认罪认罚，也包括不认罪的更强烈的对抗。认罪认罚不是我们重点研究的问题，尽管很多刑诉法学者在关注，但我觉得，认罪认罚要尊重当事人的意愿：犯罪行为是你干的吗？你认罪吗？如果判这么重，能接受吗？这就够了。辩护律师要尊重当事人的意思，当事人的权利是最重要的，我们的辩护权来自当事人的委托，当事人认为可以，你就协助他谈判、协调量刑。在认罪认罚程序中，辩护律师的重点工作是罪名的确定和刑罚的协商。

　　但是要注意几种情形，比如他是真有罪还是假有罪：如果这件事情不是他干的，他却认罪，那又是为什么？可能他有想保护的人，如果他认罪认罚，可能从宽处理，不会把他要保护的人给调查揭发出来；他要是不认罪，可能就把这个人查出来了，实践当中是有这种情况的。还有一种情形是多罪，只查了轻罪，就认了，证据一点不扎实，他也认，要是不认，可能退回补充侦查，没准把重罪搞出来。所以认罪认罚制度是有天然缺陷的。

有几个方面也必须关注：一个是有的犯罪事实根本与被告人无关，就是通常我们说的冤假错案；还有的情况是事情是他干的，但本质上可能是**口袋罪**或者**指鹿为马**。

我举个例子：一个村民喝醉了酒，到他们当地的矿山去，把矿山的水管给砍裂了，然后跑了，矿山的人去找他，结果没有找到，结束了。现在扫黑除恶，说这是寻衅滋事。那么请问，是村民砍了水管是寻衅滋事，还是矿山的人去找村民是寻衅滋事？

普通老百姓会认为，你把水管砍了，如果是矿上的排水管或者生活用水管道，都涉及生产、生活安全的问题了，这还不叫情节恶劣？但事实是矿山老板被追究了寻衅滋事的刑事责任，理由是他去找村民讨说法，给村民带来了心理恐惧。

所以你怎么辩护？对方指鹿为马，你不能只说这就是鹿不是马。我们要从方法论上去证明鹿与马是不是同一科，它们的皮肤、毛发，它们的基因成分、组合排列，还有身材大小、体型都不一样，否则就完全没有辩护空间。

我们再说说刑事辩护的常态。

当下的刑事辩护是百花齐放、百家争鸣，是极具特色的。《刑事诉讼法》第 37 条有明确规定，就是辩护人的责任是为犯罪嫌疑人、被告人提出无罪、罪轻以及减轻、免除刑事责任的材料和意见。也就是说辩护人就是明确两件事的：是不是无罪，是不是罪轻。我们基本的思路就是**看有没有无罪的可能**。刑辩律师必须具备**无罪推定思维的基本素养，任何案件在理论上都可以从无罪的角度分析，也就是说任何案件本质上都具有无罪辩护的可能**。

我注意到，有的专家学者提出不要动不动就做无罪辩护。但我认为，辩护人必须先从无罪的角度分析，因为任何定罪都和事实、证据、法律有关系。

事实能不能认定的第一个问题就是证据，要用证明资格、证明力、证明标准去解决这个问题。可能这个事实是犯罪，但是也要靠证据证明。不但要有证据，还要看有没有链条漏洞，能不能排除合理怀疑。有时候这个链条表面上看起来是闭环的，但其实这个闭环是有裂痕的，稍微一撬就会断裂。那你就会发现，虽然指控的是犯罪，但得不出唯一的结论，还能得出另外的结论，那么这是不是无罪？

还有法律适用，可能事实没有问题——事实清楚，证据确实、充分，但法律适用却各种各样。比如说强迫交易罪，我们本能地想到交易就是买卖商品、提供和接受服务，现在的问题是，假如有一个人被指控强迫交易罪，但他既不是买卖商品，也不是接受服务，而是要求合作，关键是公诉人认为这符合"强迫他人参与或退出特定经营活动"的罪状描述。可能有的律师一看：还真有这一条，平常怎么没注意呢？但是你有没有进一步往下分析？这个条款是后来经过《刑法修正案（八）》的修订才增加的，是 2011 年 5 月开始实施的。这就是提醒律师，要看被指控的行为发生在什么时候，如果发生在新法实施以前，那就适用从旧兼从轻的原则，自然就是无罪。

我有个观点是，刑事辩护律师必须要明白一个道理：同样的案件，当事人是固定的、法官是固定的，唯一的变量因素是辩护律师。北京的律师、上海的律师，知名律师、资深律师、新手律师都可以介入，不同的律师的辩护是影响整个刑事案件走向的很重要的变量。律师的知识、能力、智慧乃至胆量，还有律师的抗争性，当然会导致案件的不同走向。你必须承认，不同律师对相同案件的影响是完全不同的，甚至是天壤之别。有的案件一审是死刑，二审能改判死缓，甚至还可能改判无罪。

我们之前办理的张氏叔侄案，一审是死刑，后来改判无罪；安徽的张虎案，原来也是死刑，后来改判无罪；还有安徽周继坤案，同样一审死刑，最后也是无罪；还有福清的司法局长，一审被判 11 年，二审我给他辩成无罪，当庭释放。我们能说是原来的律师不负责任吗？也不能。所以说一个刑事案件的走向是多种因素在起作用，但不可否认，在这中间律师是一种不可忽略的变量。

在一些重大案件中，有的律师说这个案件已经内定了，但就是因为这样，才需要强力的介入来破解它、拆分它，才会导致这个"内定"不能成立。很多人不理解，其实这和医生看病是一个道理，知名专家和普通医生能一样吗？现在我们能看到"大三长"定案，甚至强制措施的采取都要"大三长"会议决定，以至于还没侦查终结的时候连量刑都确定了。此时如果还是常态化的、走过场的辩护，显然是没有意义的。

当下的刑事辩护还存在"套路辩"：辩护词洋洋洒洒几万字，念完了就结束了，法官都不听，该怎么判还怎么判。

"套路辩"肯定是不行的，你要根据具体的案件事实，案件发生的背景，以及这个案件背后的干扰因素，还有被告人的成长背景、他的朋友圈，以及这个案件在当地的影响力来判断。甚至被告人的竞争对手、合作伙伴都可能左右案件的走向。

我们发现，这几年在经济类犯罪中的职务侵占罪、挪用资金罪等罪名，往往涉及企业股东相互告状的情况。要想套你入罪，很简单，这还不是指鹿为马的问题，而是用机械的法条给你套就行。比如你把公司资金拿走，就是侵占，还回来了就是挪用。我们最近常说企业合规，有人说企业合规是伪命题，甚至会把律师带进沟里。你给企业这样那样的"防火墙"，就能规避刑事犯罪吗？规避只有一个结果，企业关门不要干了。有的当事人自己公司内部制定了严谨的规定（这几年我们看到的案件当中经常出现），比如不准赌博、不准吸毒、不准受贿的规定，这是不是合规？但这往往被认为是黑社会性质组织的帮规和纪律，这就非常值得注意。

《刑法》第294条规定的四大特征：组织特征——每个企业都有总经理、副总经理，各个部门设置都具备组织特征；经济特征——企业的目的就是追求经济利益，而且司法解释还提到，如果是黑社会组织，合法的财产都可以被视为黑社会的财产；危害性特征——企业做大了就形成影响力了，容易形成垄断；行为特征——有的企业放贷款，一些贷款人不还钱，甚至被法院列入失信被执行人名单，成了"老赖"。但在涉黑恶案的办理中，债权人成了黑恶势力，成了诈骗犯，欠钱不还的"老赖"却成了被害人。但是，这些行为是黑社会行为吗？我们要抓住它的本质，黑社会性质组织要有反社会性才行，不是企业的人打了几次架就是黑社会，如果没有典型的反社会性，就不应轻易地被定为黑社会，这是我们要注意的。如果找不到辩护的切入点，洋洋洒洒地写七八十页的辩护词没有任何意义。

另外，很多案件有无穷多的法外因素，其中之一就是舆情影响。有些案件会因为舆情的影响，走向变得不一样了，这方面的例子非常多了。比如许霆案，银行卡插到提款机就出钱，再一插，又出钱，出来了十七万五千块钱，被抓了，定了盗窃罪。法官把自动提款机解释为金融机构，那么许霆就是盗窃金融机构，起点就是无期，你觉得这公正吗？你只能说许霆这个人占便宜，你会不会本能地认为这不应该是盗窃罪？你会不会本能地认为提款机不能算是金融机构？但是法院就会机械地适用法律，把他给判了个无期徒刑。此案后来引起广泛舆情，在最高院关注之下改判5年。

有人说，法官水平都那么差吗？不，中国的法官水平都很高，现在的法官都是法学科班出身，公务员考试也很难。但问题是，考进去之后他可能无法完全遵从自己的内心判断案件，有些甚至都不是基于良知的判断，而是要受到诸多方面的影响和干预。这是非常值得注意和思考的问题。

回过头看，还有些案件因受政策发展、变化的影响，会作出适当调整。比如张文中，是在服刑12年之后改判无罪的。我们看看裁判理由：他是个民营企业家，用国有企业下属单位的名义去套资金，套来了挪用了。这样的案件其实从普通老百姓的朴素价值观来看，就是典型的犯罪行为——挪用资金、诈骗罪，至少民企冒充国企可能还涉及伪造公文、印章，等等。但作为刑事辩护律师，你有没有敏锐的洞察力，能不能想到什么样的案件应该参考或者学习国家政策，并把它们引入辩护中，这也是很重要的。近两年我们办理的很多民营企业家的案件都是这样，都会引用习总书记2018年11月在民营企业座谈会上的讲话，还要强调最高院党组、最高检的党组部署落实总书记讲话精神，再接着可能重申最高院的周强院长、最高检的张军检察长又说了什么。比如张军在成都"大检察官研讨班"上又讲了什么，等等。这是一种信号，特别是张军说的"可捕可不捕的不捕，可诉可不诉的不诉"，这就是一种方向。我们要了解和掌握这些政策，并熟练运用它们开展工作。

辩护的本质是控辩双方的对抗。对抗的目标就是要赢——控方要打赢，辩

方也要打赢。 但根据大数据统计，辩方不容易打赢。在我国，近年来刑事公诉案件大概是万分之五的无罪率。一线的刑辩律师自己可以回忆一下，你办理的刑事案件中有几个无罪案例？有的学者希望和美国的相关数据做一下对比，但我们首先要考虑的是美国有 95%，甚至 97% 的刑事案件采用辩诉交易，并且美国辩诉交易有筹码可谈，也就是本质上是辩诉之间可以进行"交易"。而我国的"认罪认罚"制度，在实践中演化成了对指控的罪必须全认，而且还要对量刑全部认罚，没有交易，甚至没有协商。美国不仅有罪名的交易，还有量刑的交易。比如一个罪名，检察官建议判 6 年，律师说重了，应当是 4 年半，检察官说 5 年，律师说不同意。这和我国的"认罪认罚"是有区别的。所以，不能简单地把不同制度下的案件和数据拿来比较，它们不具有可比性，因为两国制度的基础、前提和条件不一样。

我们可以探讨的是美国不认罪的案件，也就是陪审团审理的案件中无罪辩护的比例有多大。100 起案件中，还有 5% 的不认罪，这 5% 里可能有 50% 是无罪辩护成功的。大家应该注意到前段时间发生的某集团创始人涉嫌强奸案件，在女方报警指认的情况下，最后无罪。特别是周立波涉嫌非法持有枪支、毒品案件，经历了 11 次庭审，最终无罪。但如果他在中国，在他的车中查获了枪和毒品，那基本上就是铁证如山。至于毒品，有没有他本人的指纹，可能都不影响对他的定罪。中国对证据的审查、判断，对犯罪嫌疑人、被告人沉默权的把握与其他国家都有不同的制度基础。包括我们了解到的泰国，无罪辩护的成功率基本是百分之几，和我们的万分之几差一百倍。这就说明我们刑事辩护律师的空间非常大，我们做的努力还不够。我们要时常检讨自己的辩护方法是不是对路，是不是穷尽了合理合法的手段。

那么，刑事辩护的边界到底在哪里？可以发挥的空间有多大呢？我的观点是，**刑事辩护没有边界。**

有的律师会说，律师辩护的战场是法庭，这有没有错呢，也不能说错，但不全面。道理非常简单：如果不开庭呢？现在绝大多数二审案件都不开庭审理，即便是法律明文规定死刑案件必须开庭的背景下，有些法院对死刑缓期二年执行的案件也决定不开庭。

举个例子，武汉"绝命毒师"案件，有个科学家搞药品中间体开发，美国很多企业都让他来开发新的产品。而他开发的产品在正常生产十年之后一夜之间被列入精神药品管理目录，他也在一夜之间变成了犯罪嫌疑人。这个逻辑太荒唐了吧？根据《全国法院毒品犯罪审判工作座谈会纪要》（以下简称《武汉会议纪要》）的规定，如果查明生产、销售的精神和麻醉药品不是用于毒品目的的，就不能按照毒品犯罪来处理。但是这么厉害的科学家，一审还是被判了无期徒刑，同案第一被告被判了死缓。各位学过法律的都知道，死刑缓期二年执行和死刑立即执行相比，只是执行方式的不同，其刑罚本质仍是死刑。可是湖北高院的法官却说这不是死刑案件，所以二审不开庭。谁说的死缓不是死刑？我国刑法中的主刑中并没有"死缓"，这是学生都知道的常识。

作为辩护律师，会遇到很多二审不开庭的情形，二审法官只是让我们提交辩护词，或者谈下辩护观点。你觉得这样的辩护会有效吗？这个案件都上了中央电视台了，那么辩护词你交还是不交？如果为了抗争，选择不交，法院在判决书里写辩护人拒绝提供辩护意见，当事人如果不理解，可能说你怎么不交辩护词呢？遇到这样的情况，我们会和当事人协商要不要交，有的当事人说不交不会投诉你，是因为不开庭没法保证上诉权利。这时候，你怎么办？

所以说，辩护的边界不仅在法庭，也在法庭之外，只要不违法，不违背道德伦理的方法，我们都要尝试。美国著名刑事辩护律师、哈佛大学教授德肖维茨说过，**"我们接到每一个案件，那就只有一个日程，用一切合理、合法的方法把委托人解救出来"**。这讲的也是同样的道理，他那么多成功的辩护不是靠走过场，也不是靠慷慨陈词的表演式辩护所能达到的效果。

这又涉及另一个问题：辩护词说给谁听？说给裁判者听？说给法官听？请注意，这种说法是理想化的说法。为什么？第一，坐在法庭上的裁判者听还是不听，是听你的还是听背后其他人的？第二，他听了你的会不会根据你说的来裁判？第三，即使他认可你的辩护观点，他能不能、敢不敢按照你的观点去判？怎么判才符合当下的政策以及他自己的背景和经历？比如他在提拔期间，领导说怎么判，他会怎么办？有的内卷里还会有上级的详细批示。在这种情况下你还说律师的战场在法庭，辩护理由要说给裁判者听，请问有用吗？

你说给裁判者听，必须基于一个前提：听的人有权作出裁判。

实践中，一个案件会不会得到公正审理，可以用两个标准判断：一个是有没有网络直播，最高院在十多年前就提倡引领和示范庭审网络直播，比如江苏、浙江、广东，这些硬件基础比较好的地方都在做，甚至律师顶撞法官、法官训斥律师的庭审都可以在全程直播中看到。另一个标准就是案件核心的关键证人是否准许出庭作证。法院不同意网络直播，也不允许证人出庭作证的案件，很难说会得到公正的审理。

还有一个问题是，案卷能不能给当事人看？我认为必须给他看。这就涉及哪些案卷可以给他看的问题。我觉得全部都能给他看，包括其他证人的证言也要给他看。年轻律师要从法治的基本精神、辩护的本质来思考如何进行辩护。有些专家说应该这样不应该那样，但你要思考这种说法是不是一定对。很有可能是在这个案件里对，在那个案件里就不对了。有些专家与实务的距离还很遥远，所以有人说要让专家去法庭上感受一下，他们才会知道真实的法庭是什么样的。案卷必须要给当事人看，甚至全部复印好给他看，这是没任何法律问题的，法律并没有限制。但很多年轻律师不知道，明明法律规定辩护律师可以向被告人核实有关证据，你还要自己给自己限定，再把这个证据理解为哪个可以哪个不可以，完全是作茧自缚。

还有，能不能公开地对案件发声？我觉得这也是有边界和原则的。如果是法律规定不公开审理的案件，那绝对不允许公开。但不涉及国家机密，又不涉及个人隐私、商业机密的，或者说虽然涉及个人隐私但是当事人愿意公开的，就另当别论。

可以评论的范围是什么？客观真实地介绍案件进展，这是没问题的。这一点北京律协做得就很好，北京律协认为律师正当地对案件发声是没问题的，合情合理合法合规，也没有对律师作出处理。有个别敏感的案件，辩护律师在网上公开写文章披露，被当地法院投诉，但是北京律协经过审查认为，律师发言并无不当，驳回投诉。我们还是要感谢北京律协的做法，这在很大程度上维护了律师的合法权利。至于能不能接受媒体采访，有两个参照点：一个是前期媒体已经对案件进行了大量报道，有些是片面性的，只对被告人涉嫌犯罪和指控内容进行报道，没有报道被告人的辩解，也没有报道辩护人的观点，这时候就要及时地补正。既然公诉意见被曝光了，律师完全可以、也应该，甚至有义务去披露案件的进展和被告人的辩解理由。另一个是有的案件的确存在相关部门不允许公开披露的问题，那就要进行甄别。只要律师没有捏造事实、虚假陈述，或者无边界地渲染，只要是对案件事实的客观描述，对案件法律适用问题的合理探讨，包括辩护观点都是可以说的。这一点我还是希望大家能够明白，不然的话你就会觉得这个不能干、那个也不能干，那你还能干什么？

辩护律师要做到的是真正具有对抗性的辩护，而不是让当事人上法庭就哭一场，认罪说对不起党对不起组织，怎么处理我都坚决不上诉。这样的辩护不能算作真正的辩护。我们辩护律师追求的是对抗中的胜利，而简单的"有罪辩护"从一开始就没有使控辩双方处于平等地位，必然无法取得理想的辩护效果。

拒绝刑事"套路辩"

什么叫刑事辩护的"套路"？

最近一直强调打击"套路贷"，我就发现在刑事辩护领域中有相当部分的辩护是"套路辩"。提出这个说法是因为实践当中的确存在"套路辩"，大致就是根据公诉机关提交的证据在案卷里面翻翻，随便挑些错别字，找些证据之间的瑕疵和矛盾，然后就去法庭上发挥一下，甚至有的连这些表面功夫都没有做到，只是看看起诉书，上去就是"四要件"。不过这不是刑法当中的"四要件"，而是辩护的"四要件"——初犯、偶犯、社会危害性小、认罪态度好，并且希望从轻处理。

我觉得这样的辩护基本上是无效辩护，因为当事人自己认罪比律师作有罪辩护的效果要好。比如说被查的广州原市委书记，我觉得他在法庭上的认罪效果就比较好。他就在被告席上痛心陈词：我对不起党，对不起人民，对不起组织的培养，对不起广州人民对我的信任。我有罪，我坚决不上诉。而且说着说着眼泪就唰地流下来了。当时还没有宣判，他也不知道是什么结果，可能是十几年也可能是无期甚至是死刑，他也坚决不上诉，这是最好的态度。但作为辩护律师，在法庭上辩护时说被告人对不起党对不起人民，肯定没有他自己说的效果好，而且律师也不会流泪。

所以我认为，如果是上面说的那种传统的辩护方法，基本上是没有效的。

很多人会说，律师的作用是加强跟司法机关的沟通和协调。其实这里又有一个问题——怎么理解控辩活动？我认为单从技术层面来看，控辩活动是一场战争，法庭是战场，在战场上，是你赢还是我赢的问题，对于被告人可能无罪的案件，怎么能沟通、协调呢？

　　刑辩律师在很多案件当中都可能感受到这样的一种场景——案件的事实说清楚了，证据也分析得非常有道理，在法律适用方面也援引了很明确的法律条款，那这是不是就可以辩成较轻的罪名，甚至就是无罪的？事实上，即便这样，也还是会有这种情况：法官依然不予采纳辩护意见，而判定公诉人指控成立。这就相当于在一个格斗场上，你明明已经把对方打倒在地，开始倒数读秒了，一直到零的时候对方也爬不起来。结果裁判把被打倒在地的人扶起来，然后把他的手举起来说，公诉人胜！这是很多律师都会遇到的一种场景：在法庭上，明明已经通过证据、逻辑推理和法律适用推导出无罪的结论，但最后的判决就是有罪。所以，在控辩双方不平等的背景和前提下，协商什么？根本没有协商的条件，协商是基于平等主体之间的行为，民事案件中原告和被告在法律地位上是平等的，是可以协商调解的。但是强迫交易不是协商。

　　比如我曾办的一起黑社会性质的案件，是公安部督办的。我随便一翻起诉书，就发现案子很"精彩"，为什么呢？我发现有一个人被指控参加了一起寻衅滋事，但是他因前一犯罪直到 2010 年 10 月 3 日才刑满释放，而指控他参与聚众斗殴的时间居然是 2010 年 7 月 23 日，就是说他还没有出狱的时候——在出狱前三个月，又参加了一起犯罪，关键是还有证据证明他参加了，他自己也供认参加了。这种荒唐的认定居然是在公安部督办的案件当中出现的，大家会认为公诉机关认真地履行了审查的职责了吗？当时这个案件还是检察长亲自担任公诉人，当庭我都给他指出这些问题了，但检察机关就是不改。我当时跟他们讲，这样做是很危险的。2021 年 5 月 12 日，中央纪委国家监察网站公布该检察院党委书记、检察长接受纪律审查和监察调查。

　　就在同一个起诉书里面，还有一个不满 16 岁的未成年人被指控寻衅滋事罪，根据《刑法》的规定，犯寻衅滋事罪的，不满 16 周岁不应追究刑事责任。

　　是不是很多人都觉得这个案子太简单了，这还不好辩护吗？

　　但是这样一起案件，居然是检察长亲自出庭。在法庭上，我问公诉人，请问你们有没有注意到，起诉书说被告人 10 月 3 日才出狱，但又被指控 7 月 23 日寻衅滋事，这是怎么回事呢？

我又补充发问被告人："请问你是练过穿墙术吗？"我是很认真地在问他："你练过吗？"被告人说没有。我说，没练过穿墙术你是怎么从监狱里面出来打架的？被告人说我没有参与打架。我又说，你说你没参与打架，那你的笔录里面怎么说你参加了呢？还有很多人证明也看到了你打架。

还有公诉人，请问是不是这个案件当中存在保护伞？监狱的管教把他偷偷放出来，让他去打个架又回去？

我在庭上这样发问，公诉人也无言以对。

在继续质证的过程中，关于公诉人指控的强迫交易罪，我又发现了一个非常重大的问题，涉及法律适用错误，我心里特别高兴，想着我是第一被告的辩护人，等下我上来就先发表这方面的质证意见，而且我还要上纲上线，讲一讲法理。但是很奇怪，审判长居然让我最后一个发表质证意见。

我就有些郁闷了，这个案子一共有40名律师，排到最后的话就肯定轮不到我来指出如此严重的错误，就没法显示我的水平高超了。没想到，轮到我了，前面39名律师没有一个人发现这个问题。

下午继续开庭，我组织了一下语言，想着怎么能够把这个问题突出出来。我说审判长、检察长，你们有没有注意到公诉人指控的强迫交易罪有一个重大的法律适用的错误——公诉人指控我的当事人跟当地的一家卖烟花爆竹的企业联合经营，因为当地原来只有这一家企业有经营烟花爆竹的资质，后来我们也申请到了资质，所以我们就找到原来这家企业，说你看原来只有你一家有资质，现在我们也有资质了，如果我们两家相互竞争，势必会形成恶性竞争，大家的利益都会受到损失。不如我们两家联合起来，是不是大家都可以多赚一点钱？对方的确同意跟我们联合经营，双方都赚了钱，而且加入我们新的企业联合经营以后的第二年、第三年，对方企业的盈利比以前要高。就是这么一件事情，公诉人说我们是强迫交易罪。

请问在这个案件里，"强迫"体现在哪里？《刑法》第226条中关于强迫交易罪，指的是强买强卖商品，强迫他人接受或者提供服务。

这时，所有人都觉得我说错了，因为《刑法》第226条共有五项，其中第（五）项就是强迫他人参与或退出特定的经营活动。但是大家要注意，《刑法》

第 226 条"强迫他人参与或者退出特定的经营活动"这一项在原来的刑法中并没有，而是 2011 年《刑法修正案（八）》新增的。

但那个案件被指控的行为发生在 2008 年，那个时候强迫交易罪的罪状不包括这一项。这就涉及了刑法理论中的"从旧兼从轻"的刑法溯及力问题。

所以我想问一下公诉人，你是什么时候参加工作的？是不是你参加工作是在 2011 年以后，所以不知道此前的法律规定？

这样的案件我觉得我们肯定能赢，但是实际上能赢吗？赢不了。后来一审判决仍然认定这一起事实就是强迫交易。

所以我们刑事辩护律师面临的压力不仅仅是提高业务水平、辩护技术层面的，还有博弈的平台是否公正的问题，这是很重要的。

这又引申到另外一个领域，有人说有的律师喜欢炒作，有的人甚至说看了我的《无罪辩护》之后，发现我办的案件都有媒体的介入。那么，媒体介入有什么问题吗？没有问题，《宪法》第 27 条规定，一切国家机关和国家工作人员必须接受人民监督。舆论监督是人民监督的一种重要方式。其实最高人民法院早就发了通知，希望媒体对案件进行监督，如果有媒体想来，就可以来旁听，并且法院对此持欢迎态度。还有，媒体作为社会监督的重要力量，能够平衡社会的舆论。如果一起案件，被告人此前受到某些不公正的媒体的过度渲染，他可不可以有一个救济的渠道呢？有没有另外一种力量来平衡，让大家知道案件到底是怎么一种情形？

近十年以来市场化的媒体逐渐变多了，触角和广度也发生了变化，很多时候比传统媒体涉及得更深、更广，在报道的方式、角度方面也有所突破。在这样的情况下，正当的舆论监督会形成一种制衡。

比如贵阳小河案，一个黑社会性质组织案件，这是前些年发生的一起非常有影响的案件。非常值得关注的是，当年案发时，《贵阳晚报》有一整版报道说贵阳打掉了一个黑社会性质组织团伙"花梨帮"。巧的是同一天，《读者报》报道说，"贵阳黑打'花梨帮'"。这就非常有意思了，同一天有两个不同地方的报纸都用整版的形式对被指控为黑社会性质组织犯罪的案件进行了报道，一个说是公安机关打掉了黑社会团伙，一个说是"黑打"。都是报纸媒体，所以就形成了争议，引起了社会各界的广泛关注。最后这个案件就引起了中央政法委的关注，开庭的时候中央政法委派了一个督导组来，督导组成员中有最高院、最高检、公安部、司法部的领导，还有每一个参与辩护的律师所在地的律管处的处长等。他们共同组成督导组来旁听，这说明中央高层对这个案件高度关注。

我们知道这个消息之后，都觉得好。阳光是最好的杀虫剂，你给我一个公开的庭审，就不可能出现那么多违反法律明文规定的做法，我们求得公正的可能性就大一些。所以我当时听说中央领导要来听这个案件，就特别高兴。北京市司法局的领导还跟我说，这个案件是全国关注的，要依法辩护。法庭辩论阶段，有很多律师旁听，最后的结果是我的当事人被宣告无罪，当庭释放。这个黑社会组织的领导者是父子俩，我辩护的是他父亲。从法庭出来之后，我就收到了一位领导发来的一条很长的短信，这条短信中用了十几个"最"字，大概是说"这是有史以来我所见到的最客观、最理性、最有理、最精彩……"之类的辩护，"辩出了我们北京律师的水平"。后来，到场旁听的很多公安司法人员都向我表达了同样的感受。

我想表达的意思是，对于案件来说，辩护水平高是律师业务能力的体现，但是要想打得赢，还要有公正、公开、可以施展才华的平台。所以，前文提到的媒体的监督是非常重要的。尤其最近几年又发生了一些新的变化，自媒体有了蓬勃的发展，现在有大量的平台可以把案件的情况客观公正地展现给公众。毕竟一个案件受到的关注越多，公正审理的可能性就越大，本质上这也是司法公正的要求。

我们再说回套路辩，试想，如果如此精彩的辩护可能都发挥不了应有的作用，那个"套路辩"还可能有用吗？

同时，很多律师的辩护基本上还停留在四要件的辩护模式上。我好多年以前就说过不要搞这个了，已经过时了。每个案子上来就说主体、客体、主观要件、客观要件，等等。还有什么三阶层，从德国讲到日本，讲到哪里基本上都是没有用的。对实践中的刑事辩护而言，什么是有用的？就是指控的犯罪事实不是被告人干的，你能证明不是你的当事人干的，那**可能**是有用的。或者事情是被告人干的，但是法律确实明文规定因为追诉时效、刑事责任年龄等原因不应当追究责任，或者不应当定罪的，**也许**有用。要么就是那种争议特别大的，社会关注度高的，又不涉及政治敏感的一些案件，比如说正当防卫，像昆山龙哥持刀砍人案，全民关注，最后引起全民讨论，引发法学理论界和实务界的普遍研讨，最终成为激活正当防卫条款的一个案例，并在此后一批类似案件的处理中起到了引导作用。

而传统的"套路辩"，在实践当中真的是一点用也没有，尤其很多律师连刑法的基本条文都没有掌握好，基本功都是欠缺的，那就更没用了。当然，还有的律师是过于看重社会舆论的宣传和炒作，反而专业方面不是太精，案件研究得也不够细致。我们遇到很多律师，号称是某方面的辩护专家，有时候我遇到一些比较复杂的案件，或者涉及某个专业性很强的问题，就想请教一些自己宣传是某些方面的专家的知名律师，结果我发现，问得多了，他们就蒙了。这就比较尴尬。

一些号称全国最厉害的专家，怎么对自己专业领域的问题一问三不知？而且看宣传好像他们每天都有无罪辩护成功的案例一样。这的确是令人遗憾的事情。

比如说毒品案件，什么叫毒品？《刑法》中对毒品是怎么界定的？其实很多人都没完全搞明白。

有没有人认真研读过《刑法》第357条？除了鸦片、海洛因、冰毒，也就是甲基苯丙胺，还有吗？是不是记不住了？还有吗啡、大麻、可卡因，还有吗？还有什么精神药品、麻醉药品？

有一年我给某省公安厅各地市的缉毒支队做讲座，我问《刑法》第357条列举的毒品有6种，分别是什么？大家七嘴八舌说了半天居然没有一个人能答全。还有这一条最后半句规定的"以及其他国家规定管制的能使人形成瘾癖的麻醉药品和精神药品"这部分几乎就更没有一个人能说全。辩护律师也是一样，我在很多场合都发现几乎没有人能将这后半句记全。这里面有很多关键词：第一个，"麻醉药品和精神药品"；前面还有一个限制性的定语，"能使人形成瘾癖的"；再前面还有一个定语，叫"国家规定管制的"。

在讲座上，我又问大家，什么叫国家规定？"就是有文件规定，有个名单"。我说是哪个名单？有人说是公安部的还有人说是卫计委的，总之就是没有人能说准确。所以首先是不是要研究什么叫"国家规定管制"呢？很多人认为只要是有个管制药品目录，这个目录里的药品就是国家规定管制的，但这是不够的。要进一步解读这里面的关键词，"国家规定"是什么意思？公安部的规定是国家规定吗？我们再回到《刑法》第96条去看，"本法所称违反国家规定，是指违反全国人民代表大会及其常务委员会制定的法律和决定，国务院制定的行政法规、规定的行政措施、发布的决定和命令"。这个是很明确的，也就是说国家规定指的是全国人大和国务院这个层面发布的。这是没有争议的，公安部的规定不叫国家规定，而叫部门规章，即使是公安部和卫计委联合发布的，也不叫国家规定。

不要说这两家联合发布的不是国家规定，就算再加上一个食药监督总局联合发布，也还是一样，用的都是公安部的同一个文号。那是不是国务院授权给公安部发布的就可以了？根据我们查到的规定，公安部没有获得授权，文件是以公安部的名义发布的。还有，就算公安部有授权，国务院授权给公安部发布，授权就对吗？根据《立法法》第12条的规定，"被授权机关不得将被授予的权力转授给其他机关"。很多人不知道有这样的规定，所以我们把几个法律规定条文——就像中国传统建筑的榫卯结构一样——非常严丝合缝地拼起来，得出一个结论：公安司法机关根据公安部等公布的目录直接认定名单里产品的都是毒品是不对的，这样的问题有多大？我们也向最高院以及全国人大反映，说我们发现：我们所有把精神药品和麻醉药品当毒品类犯罪处理的案件全是错的，这违反了罪刑法定原则，这样问题就大了。

我这么费心地研究这个事情要干什么用呢？是要放到我办的案件当中。

"绝命毒师案"中，媒体报道称武汉华中科技大学的教授开"制毒工厂"，中央电视台也报道了，一审还分别判了几名被告人无期、死缓，我们认为有问题。的确，他们生产的产品，后来被收录在公安部规定的目录里面。但是我们就提出一个观点，这只是公安部的规定，不是"国家规定"。

大家可能会怀疑，这么辩护，有可能成功吗？全国类似案件都是根据这个判的，这么提出来就能改判吗？但是我要说，不管最终能否成功，作为辩护律师，至少要提出来，让法官意识到你说得好像有道理，虽然以前都是这么判了，但是确实说不过去。而且如果判了，也确实不符合罪责刑相适应的原则，所以要请示要汇报。

在这起案件中，我的当事人是海归博士后，他老老实实地当着大学教授，认认真真地搞科学研究，为什么会跑去开"制毒工厂"，目的是什么？大家可以看媒体是怎么宣传他的：海归博士后、重点大学的教授"开制毒工厂月赚60万美金"。可是案卷当中完全没有一份证据证明他月赚60万美金，只有证据证明他每个月领5000块钱工资。那这个月赚60万美金的信息是从哪里来的？不知道。谁都不知道从哪里来的。所以我们把问题都深挖出来，把这些内容都通过不同的方法体现出来，可能对案件是有用的，所以湖北高院最后就很慎重了，二审撤销原判，发回重审。

但你知道，我第一次去湖北高院跟法官见面的时候，法官是怎么样对待我的吗？

我到了湖北高院之后，法官一见到我就问，这个案子你辩护？辩护词有吗？交过来。我说这二审案件刚来交手续，直接交辩护词，不开庭吗？他说我们决定不开庭。我说这是死刑案件，《刑事诉讼法》规定二审必须开庭。他说这是死缓不是死刑。

死缓不是死刑吗？所以我第一反应是这位法官难道不是科班出身的？

然后他又接着说，这么大的案子，一审都能保住头了，你还有什么幻想？我说，这个案件问题很严重，我们认为是无罪的。他说你们不就是想收当事人的一点钱吗，然后想着能不能做点从轻的辩护，减轻一点刑罚。这个案子没有可能，我告诉你，还有新的线索，正在侦查。他的意思好像一审还判轻了似的。而且他还动员几名被告人撤回上诉，事实上已经有一位被告人被劝得撤回上诉了。他说完了就把我打发走了。

遇到这样的案件，所有的律师都希望二审开庭审理，毕竟开庭的话能把事实和证据讲得更清楚，也能把辩护观点阐述得很充分。而且，当事人请了你，你到法院去，法官让你交个辩护词就把你给撵出来了，不负责任的律师可能觉得交完辩护词工作就结束了。甚至很有可能是把一审的辩护词修改一下就交上去了。我就遇到过多起这样的律师办的案子，我把它们叫"事故"，为什么叫"事故"？因为我发现有些案件二审的辩护词，是二审律师抄的一审律师的辩护词，而且还没有完全改过来：一审的"被告人"，二审要叫"上诉人"，他们没改过来，写的还是"被告人"不构成犯罪，这不明显是抄一审的辩护词吗？

换一个角度来说，既然法院决定不开庭，我为什么非坚持要求开这个庭呢？坚持开庭是增加我的工作量，我让助理写个辩护词然后邮寄过去，就结束了这个案件的辩护工作，不是更加轻松吗？但是，从负责任的角度讲，我总觉得案件有问题，我务必穷尽所有的努力，凭借我的智慧和能力，作出一点超越传统的贡献，那么法院就可能改判。对当事人来说，即使由死缓改判无期，无期改为有期，也是相差了十几年，这其中的差别是巨大的，所以我觉得有一线希望就要去努力。

话又说回来，该怎么努力呢？法官都说你不要抱幻想，也不理你，说不开庭了，甚至说还有可能判得更重，那不就成了死刑立即执行了吗？我就想，你不给我开庭，我到哪去寻求公平正义？有问题的案件只有公开了才能促进公正。我怎么实现呢？我们既不能"炒作"，也不能刻意扩大"宣传"。我的这位当事人的爱人也是教授，有媒体说她老公是"绝命毒师"，那她不就是"绝命师太"吗？她准备以"绝命师太"的名义，把这个案件的全部事实、前因后果讲清楚，让社会知晓。因为她也是搞化学的，可以把专业问题说得很清楚，本案绝不是毒品犯罪。但是后来是当事人的姐姐以"绝命师姐"的名义公开写了一些材料，说她弟弟的行为不构成毒品犯罪。但是这样一个法律适用问题，篇幅太短，内容也比较单薄，可能不能引发太多关注，那接着写什么呢？于是她就把这位海归博士从小学习优秀，积极向上，天天看武侠小说还考第一名，还有到海外去留学，学成归国，搞了几项发明专利等等这些内容发出来。可能其他地方的很多人并没关注他，但在当地特殊的环境下，一个比较重大的案件受到媒体的关注，很多人都会去了解真相到底是什么，慢慢地，这个案件反映的情况就有了一定的影响力。

我开始并不确信家属这样的做法是否有用，但事实上还真有用，案子最后发回重审了。发回重审后，我们就去跟一审法官讲必须认真审理。开庭审理时我讲了 20 点辩护理由，最后就改判了，4 个被告全部改判，连撤回上诉的被告人，也被改判并减轻了刑罚。

我认为，只要有一点改判的可能，也要去努力。二审要想有改判的机会，就要去努力想各种办法，可能就会有效果。所以我说，一方面，我们要打击传统的"套路辩"；另一方面，也要有所创新。每一个领域都在搞创新，刑辩界也不例外。

千篇一律地从四要件还有认罪态度的角度辩护，基本上没有效果。特别是现在认罪认罚问题已经出现了，我国的认罪认罚跟西方国家，特别是美国的辩诉交易，完全不是一个概念。辩诉交易大致是说，你指控我 5 个罪名，我说两个可以认，另外 3 个去掉，判 5 年到 6 年我可以接受，判 25 年我就不接受。那如果没谈妥怎么办？没谈妥就请陪审团审理，12 名陪审团成员，他们共同一致决定有罪才能定罪，有一个人认为无罪就不能判有罪，有罪认定是比较艰难的过程。事实上，在美国超过 95% 的刑事案件都交易掉了。

现在很多人都把我国的认罪认罚制度等同于美国的辩诉交易，但是他们研究的视角不够，忽略了另外一方面。其实我们要关注的是那些没有辩诉交易的案件，关注那些启动了陪审团审理的案件的审判结果是什么。我们发现，在美国，经过大陪审团审理的案件，有一半左右的结果是无罪判决。有些知名律师的无罪辩护成功率达到了九成，比如辛普森案的律师贝利，他在辛普森律师团队中被认为是最有价值的。他在命案辩护中的成功率达到了 97%。

美国是可协商的辩诉交易，而我国的认罪认罚实践中反而变成了公诉机关掌握定罪量刑的大权。当事人认罪认罚，公诉机关可以提出量刑建议，比如故意伤害罪，认罪的话，3 年以下有期徒刑，不认罪的话就 3 年，那以前没有施行这个制度的时候，不认罪，顶多也就是一年半，如果对方谅解的话，可能会是 1 年、半年，缓刑都有可能。现在因为有认罪认罚制度，不认罪，3 年。你认不认？这是目前出现的一个弊端，可能跟制度设计有关，大家都崇尚权力，体制改革下每个部门都在争权力，在检察院这里，可能就体现为量刑建议权。我们必须要警惕这种制度被实践中的权力异化了。

　　律师的辩护是一种私权，需要去跟公权力抗争，这本身就是不平等的力量在对抗，如果再没有一些创新的方法，肯定会一败涂地。为什么有人说我辩护了一辈子，从来没有见过无罪判决？你老是"套路"式的辩护，怎么获得无罪判决，对吧？你要知道判决都是谁作出的，你以为只是法庭上审判长和旁边的两个人民陪审员或者两个审判员作出的吗？有些案件，比如说两个普通老百姓打架，那判决可能是他们作出的。如果是在当地稍微有一点影响的案件，那有可能就不是他们作出的，因为还有庭长，有审判长联席会议，还有主管刑事的副院长，最后还有一个院长，还有审委会，背后还有政法委，还有上级法院和上上级法院……不同的案件是由不同人决定的。

　　所以我一直在强调：实事求是，就是要摸清真实的情况是什么。这个案件到底是谁决定可以改判，如果是法庭上的三个人，那你就要争取开庭，并在法庭上跟他们讲道理。如果法庭上的三个人实际上没有权力决定，律师在法庭上滔滔不绝地说，意义就不大了。但这不是让你不说，有些话明知说了没有用也要说，但你必须要知道谁才是真正决定这个案件结果的人，你的辩护必须让他成为受众，要让他知道这个案件有问题，否则就没有效果。

　　比如，大家认为职务犯罪案件目前比较难办，特别是高官案件——什么叫高官？厅级以上的干部叫高级干部，这是有规定的。高官职务犯罪案件不好辩护，特别是二审，基本上没有改判的可能性。二审厅级干部案件不开庭，拿到这样的案件之后，你能干什么？厅级干部自身的人脉资源比你的人脉资源要高好几个层次，他们平日里接触的都是厅级干部，甚至是省部级干部。你说你一个普通的刑事律师，去协调关系，能改变这种厅级干部的职务犯罪案件吗？基本没有可能。但这并不是说这种案子就没法辩护了。

　　前段时间，我办理了一个广东的厅级干部受贿的二审案件。这个案件非常有意思，一审的时候就找过我，但是出于种种考虑，他们最终一审没请我，我没介入。后来机缘巧合，在美国我又遇到了当事人的大哥，我们经常讨论这个案子。尽管我不是辩护人，但我也毫不保留地跟他交流探讨。后来他们家又形成一致意见，二审又要请我辩护，我就背负重任回国辩护。

　　我到二审法院递交手续的第二天，书记员打电话说，你的手续收到了，你把辩护词交过来。我就知道接下来的流程和结果很可能就是"八字真经"："驳回上诉，维持原判。"这位当事人的家里人告诉我，广东有很多的职务犯罪案件，特别是厅级干部的案子，二审没有一个改判的，所以我们这也没抱什么希望。那他们为什么还请我呢？也许请到他们认为最好的律师，才能彻底不会后悔。就像他们的职业领域（医生）一样，病人尽管看不到希望，但还是希望能找到最好的医生努力一下。

那该怎么辩护呢？

不开庭，法官都见不到，广东省的法院管理很规范，有交手续的大厅，工作人员会很认真地给你盖个章，再给你一个收据。问题是太规范了，不开庭，连法官的面也见不到了。怎么办？这样的案件你怎么去辩护？其实是无解的。

我可以说，在这种情况下，90%的律师都是会见完当事人，把一审的辩护词改改交给法官，可能就结束了。如果时间充足就再多会见两趟，让当事人感到你很认真很敬业。但这种形式上的敬业并不一定是有效的工作方式，关键还是要善于发现案件的核心焦点。

那这里面就又有一个问题了，很多时候我都会告诉委托人，不是说我跟当事人商量好我认同当事人的意见他就无罪了。现实是，只有法官同意我的无罪辩护的意见，他能够信服我的观点，那才可能判无罪。这需要我们掌握提炼核心焦点的能力。

那还能怎么办？我就想办法挖掘当事人所有可用的信息，我跟他聊，跟他家里人要他的资料，又找到他的学生聊。这些信息和资料可能有用：我发现他是2013年中国工程院院士的有效候选人，而且是中医药领域的唯一一个候选人；并且他的导师很厉害，那时候已经一百多岁了，是中医界的泰斗。

我的当事人也是一名博士生导师，他带了好多博士，其中有3个博士生了解到导师的情况后，表示想做点什么。后来他们写了一封联名信，在教师节的前夜，公开发到网上。没过几天，中秋节到了，又有6个博士联名写了一封信，大致是说六博士中秋节夜上书省高院，要求法院公正处理这个案件。后来广东、江苏、广西三地的公安同时介入，向几名博士了解案件情况。目前这些文章还在网上，说明文章本身并没有问题。如果文章内容本身有问题，那监管部门会第一时间处理掉。因此，一个基本的判断是，这两篇文章没有问题，没有政治问题，也没有炒作问题，说的就是师生感情和案件的事实证据问题。

那就耐心等进展。

过了一段时间好像又没动静了，家属就拜访了当事人的导师——103岁的中医泰斗。见到老先生的时候，家属简要介绍了一下事情：案件的基本情况，目前是什么进展，希望老先生能予以关注。老先生103岁了，接待我们那一天早上还特意沐浴更衣，正襟危坐。大家还担心他的思路跟不上，结果老先生比大家的思路还清晰。他说："我说，你们记录，一定要有一个录音，因为我已经一百多岁了。"

说完之后，根据记录的内容，家属整理了一份材料给他，他做了细致的修改："我们现在不要说是冤假错案，二审还没有判，怎么能够说冤假错案呢？"老先生思路非常清晰，他说我们只能说希望政府对这种高科技人才，对我们中医药领域里面的科学家多加关注。全世界都在关注中医中药，我们自己怎么能把专家都关到监狱里面去呢？要对他们宽大处理，从宽处理。

之后我们也按照他的说法改，改完之后他签字了。老先生说我签字的时候，你们录个像拍个照，留个证据吧。没想到一百多岁的老人如此认真对待这件事。

因此，就有了一篇《百岁中医泰斗为关门弟子喊冤》的文章得以及时发布，引起了很多人的关注。这篇文章的影响力很大，因为很多人都知道这位老先生。据我了解，很多高级别的领导都找老先生看过病，一说老先生亲自出面给他关门弟子喊冤，大家都关注了。

我们总是期待大家的努力能在不同的层面上产生共振，能通过各种途径影响到能够作出决定性结果的人。

那么，省监察委办的案子究竟能不能改判呢？努力到这个份儿上，可能很多人就会放弃了。但是我觉得只要案件未结，就还有希望，就不能放弃，那还有什么途径？

2019年元旦过后没几天，老先生仙逝了，我也很悲痛。我马上跟当事人会见，告诉他导师去世了，他泪流满面，想申请去参加葬礼，但是看守所不同意。

他就彻夜未眠，为老先生写了一篇情真意切的悼词，在我第二天又去看守所会见他的时候转交给我。因为老先生的葬礼在广州隆重举行，省委省政府都有领导来了，北京这边也有领导参加。我就想办法将当事人写好的悼词交给他儿子，让他的儿子代表他父亲，在葬礼上把悼词念一遍，送老先生最后一程。导师去世的悲痛之情，自己被冤之情，通过这份悼词弥散开来，感动了在场的人。

有人说，这是辩护律师要做的工作吗？我们觉得是，而且还做成功了，据说这篇悼词感动了在场的很多人。

至此，我觉得这应该差不多了，因为到场的该知道的人都知道了。没过多久，案子也有消息了，没开庭，甚至都没找律师沟通协调，就直接改判了，刑期减少了 4 年。我的当事人被称为广东近 10 年以来厅级干部改判第一人。本书付梓之际，我的这位当事人已经出狱，投身于新的事业。

这样的一个案件，如果搞"套路辩"，能行得通吗？因为本案第一审就是当地律协领导介入辩护的，论技术、论人脉、论资源都应该说不差。但一起明显有问题的案件，为什么在一审还是被判了十多年呢？

所以我说，刑事辩护律师担负着这种职业本身所特有的职责和荣耀，不仅仅是把这个案件事实或者法律适用在法庭上说清楚就行了，而是要带着职业的神圣荣誉感，尽一切可能维护当事人的合法利益。当事人的生命和自由受到威胁的时候，他把他自己托付给你，这绝不能和一般的商业贸易等同。

我认为，刑辩还有一个黑箱理论，是说这个箱子里面是怎么运作的，我们不知道。我们只知道这是一个黑色的箱子，输入某些要素，就一定会输出一个产品。但你不知道决定和影响案件结果的人作出决定的过程，也不知道各方的利益是如何权衡的。但是，即使我们不知道这一系列的操作过程，也要知道我可以做哪些黑箱以外的努力，这样就有可能出现一个改变原审判决或者改变起诉指控的结果。我能做的，就是尽可能多地输入有可能使结果符合当事人利益最大化的变量，并使它们发挥作用。新的变量多了，也许结果就变了。

我办的福建省福清市司法局原局长的案子，还出现了这样的情况。我认为当事人是无罪的，但当事人自己认为他是有罪的。

我说，为什么你认为自己是有罪的？他说因为他们追究了我 12 年，这期间逮捕了我 4 次，又放了 4 次，甚至还通缉了两次，取保候审也有 4 次。就这么一次一次地抓了放，放了抓，一共折腾了12年，难道我是无罪的吗？我说如果你是有罪的，为什么现在还没判？现在又为什么要请我辩护？他说我本来认为自己是无罪的，但是他们反复追诉我，我就觉得似乎我必须有罪。

当时这个案件的二审也是说不开庭，让律师提交辩护词。我说这个被告人是无罪的，法院怎么能不开庭审理，而只让交辩护词？

后来经过一番努力，我们争取到二审开庭审理，开庭之后我就做了无罪辩护，但是我感觉没有什么效果，因为开完庭之后就没有动静了。当时家属就告诉我说不行，好像要维持原判。我说哪里来的小道消息？宣判前夜又听说要改判，从11年有期徒刑改为10年有期徒刑，而且还说是官方消息，说是第二天早上就宣判。我说这案件应该是无罪，你们去买一束鲜花准备接人吧。结果第二天早晨一开庭，法庭就宣判无罪，当事人当庭释放。

这样特殊的案件，这样一起最终作出无罪判决的案件，被告人被追诉了12年。在这段时间里，也有请示汇报，据说请示汇报了十几次，协调会也开了很多次。很多律师可能从这方面判断，没有可能无罪了。但我们就要树立一个信念，如果被告人本身是无罪的，或者你确信他无罪，就不要打退堂鼓，你坚持去努力，最后就很有可能无罪。

最后，我把案件存在的问题向法院提出，法院开庭审理，最终作出了无罪判决。

通过上面这些案件，大家可能发现，我所说的律师要做的"有用功"，可能不仅仅在案件的事实和证据层面，还要关注舆论的导向。有人就会问，这是炒作吗？我只能说，我特别不喜欢炒作案件，但客观的舆论宣传和引导，是有利于案件得到公正的解决的。作为专业的刑辩律师，我希望并追求纯粹的技术性辩护。

就像江苏张家港的案件，这是公安部督办的新中国成立以来最大的非法买卖制毒物品案，这个案件此前还有庭审直播，大家可以找出来看。检察院一共出了三份不同的起诉书，换了三个罪名指控我的当事人，但最终也没能成功，检察院还是撤诉了。

上面梳理的我办理的一些案子的心得，也不一定是很成熟的经验，但至少说明**在遇到一些比较棘手的问题的时候，我们没有放弃。**我们会不断地问：还有其他的办法吗？还有另外一种思维方式吗？还有其他路径能实现一般的渠道达不到的效果吗？当然，这些方式和方法，原则是在合理、合法的框架下。

为什么大家都说辛普森这个案件的影响力很大？辛普森案件的辩护律师是哈佛大学的教授，他有一句名言，"我们接到每一个案件，那就只有一个日程，用一切合理合法的方法把委托人解救出来"。我觉得把这句话放在中国也没问题，只要是合理合法的方法就都没问题。根据我国《刑事诉讼法》的规定，律师的职责是什么？——根据事实和法律提出犯罪嫌疑人、被告人无罪、罪轻的意见和材料，使他们获得无罪判决或减轻、免除处罚！辩护律师就是干这个的。这才是辩护律师的本来面目。

接下来的问题就是怎么合理合法地干好这件事，想明白做哪些工作最有用。

在刑事辩护中，我们要纠正几个问题。第一个就是在证据当中去找一点点的矛盾。我不是说这种方法根本没有用，而是说它不是辩护律师的唯一出路和方向，甚至它不是最重要的一个工作习惯。很多时候，找到更多的矛盾也没有用。我曾给广东的一个市政法委书记辩护过，证人证言和被告人的供述里有1500个字的内容，包括标点符号，甚至括号里面备注的内容都一模一样，错字也一样。这说明了什么？笔录是伪造的。但抓住了这一点矛盾也无济于事啊。

所以我一再强调，作为刑事辩护律师，我们能不能在现有的这种制度条件和司法状况下，尽可能做到无一遗漏的努力？这是我们应该反思的。

但是我前面提到的那些操作，不是每个案件都可以照搬这种模式。我是通过讲一点我的经历和体会来告诉大家，启发大家不断思考：案件是不是还可以从另外一个角度去突破？刑事辩护没有固定的、绝对的标准，衡量一位律师是否是好的刑事辩护律师的标准之一就是看他是否穷尽了一切合理、合法的手段。我们能做的，不仅是专注于具体的专业技术、技巧、能力，开拓思维的培养同样至关重要。

比如看到我上面讲的例子，很多人就会感慨，为什么我没想到？！不是你没想到，是你压根就没跳出"套路辩"的圈子。

有位律师给我打电话，说跟我请教点问题。他说现在代理的案子，二审法院决定不开庭，有什么招？我说二审你有新证据吗？你可以提交新证据，《刑事诉讼法》规定二审如果有新的证据可以开庭，但是里面有一条是要求"足以影响定罪量刑的"，也就说这个新证据要够分量。

前些年我有一个案子，当事人涉案金额一个多亿，二审非要找我辩护，我跟他说没有希望也没有可能，因为两个罪名，受贿罪和巨额财产来源不明罪，数额这么大，数罪并罚一审判了13年，其实已经是相当好的一个结果了。但他非要上诉，还一定找我辩护。

在这个案件中，同样的问题又出现了。委托辩护手续一交，书记员就打电话来让交辩护词。我问，不开庭吗？答，不开庭。而且让这周就把辩护词交过来。我说现在已经是周四下午了，这周工作日就剩下明天一天了。他说你明天先发个传真过来。意思就是说明天必须交了。我说你是书记员是吧？你给我记录，我是辩护人，我提出以下几个问题：第一，我申请本案开庭审理；第二，辩护人提交了新的证据。我先说这两条，我觉得法院应该给我一个回应。

后来法官问我，朱律师，你说有新的证据？我说有，我们正在调取，已经有线索了。法官让我交过来给书记员，我交证据，请书记员给个收据。但是书记员不给，他不给，那我就走了。书记员就问：你怎么不交了？我说，因为我交了这个新证据，你不给我打收据，万一我交了之后你就扔了或者搞丢了怎么办？我提交的新证据对当事人有重大影响。法官说你连我们法院都不相信了，你还当什么律师？我说我相信法律，法律规定我可以提交新证据，但是我需要你给我一个收据，就像你送达文书需要送达回证一样。他说哪个法律规定要开收据？我说哪有法律规定要交辩护词？（当然，最新的司法解释要求"应当提交书面辩护意见"了。）

像这种你明知道没有什么空间，也没有什么工作可以做的案子，当事人也不强求结果，辩护人就要想尽办法争取权利。

我跟法官说，为什么不开庭？我明明有新的证据。

他说，你提交的新证据都是英文的，我看不懂。

我说，这不是英文，这应该是德文（瑞士官方语言为德语）。

他又问，那是什么材料？

我说，这是我的当事人在瑞士买手表的一张发票。

他说，要证明什么内容？

我说，证明那张发票的金额是 12000 瑞士法郎，按当时的汇率兑换成人民币是 84000 块钱，但是在一审判决书中认定这个表经鉴定机构的鉴定，价值 18 万，比实际价值翻了一倍还多。这还仅仅是一块表，这起案子里面还有很多块表，甚至有的表还鉴定成价值 500 多万，那么是不是每一块表的鉴定都可能出现类似的问题？不是说这一块表去掉 10 万，剩下的几千万不影响整个案件的定罪和量刑，就不重要。而是这充分反映出鉴定机构的鉴定结论可能有错误，导致至少这一块表的价值出现错误。并且，被告人自己买的手表明明有发票，为什么要拿去鉴定？

法官说，你有发票，但是这是国外的发票。国外的发票要认证之后才能作为证据用。可见这位法官知识面挺广，还知道国外发票要有认证，这就提示我们在刑事诉讼中要做好相关预案。

我说这是刑事案件，不是民事案件谁主张谁举证。我提交了一个证据，要去认证也好公证也好，至少这是一个新的线索，我申请法院到瑞士那个表行去调查取证，看看是不是我当事人买的，因为发票上有我当事人的名字，还有退税的时候有护照号码，这不可能是假的。这样一来，我顺着法官的说法，申请法院去调查取证，然后完成认证，把问题给他送回去。

法官说，那你还有什么问题呢？我说，二审要开庭。

法官又说，要有"足以影响定罪量刑"的新证据才会开庭，你这才 10 万块钱，一个几千万的案件，能影响什么？他说，你把你所有的意见和想法都写在书面的辩护词里。我说申请调取证据、质证意见和辩护词是不同的内容，不能写在一起的。他说，那你就全部提交书面的材料过来吧。

这时候，还有什么办法呢？你应该想到，二审还有检察院要参与，我提交了新的证据，检察院对我提交的新证据是什么观点和态度？检察院会不会认为这个证据有用，从而建议法院把一审的判决改掉？即便不改变定罪和量刑，恐怕也不能径直"驳回上诉，维持原判"吧，起码对认定的部分事实要作出改变，至少要去掉 10 万。这样，二审的判决书就不能用简简单单的 8 个字就搞定了。

我就对法官说，至少你要把这部分改过来。

法官先是说这很棘手，但是过两天又说你还是先交个辩护词过来，我说我不交辩护词。他说："我们已经通知三次了，你还是不交辩护词，合议庭会把这个情况如实记录在裁判文书当中。"

我说我善意地提醒你，到目前为止，你还没有告诉我二审合议庭的组成人员是谁，你知道这意味着什么吗？这意味着你严重侵害了被告人和辩护人的合法诉讼权利。当事人及其辩护人在二审期间有权对合议庭组成成员包括书记员提出回避申请，但是我们现在都不知道合议庭成员是谁，法院就决定二审不开庭，让交辩护词，还搞什么最后通牒，这是违法的。

他说，我可以告诉你，现在告诉你。

我说，你不是"可以"告诉我，而是"必须"告诉我。

他说，我现在告诉你，你记一下。

我说，你要给我发书面的。

他说哪有法律规定要发书面的？我也跟他说，哪有法律规定要先交辩护词？他说你不是说你有辩护观点吗？你就写一份给我。我说法律规定的是即便二审不开庭审理，也要"听取"辩护人的意见，可不是"看取"辩护人的辩护词，听和看是两个不同的感观。我说为什么中国自古以来讲"五听"断狱，最高院也倡导司法的亲历性和庭审实质化？你作为主审法官不能听听我作为辩护人的辩护意见吗？

他说，好，你说我听。我又说，请问本案二审是合议庭审理还是独任审判？我说给你一个人听就行了吗？那合议庭还有两个人呢？他说我转述给他们，我说你要是不转述呢，或者转述错了呢？我说我希望你们即便不开庭，也还是组织合议庭成员来听一下我的辩护意见。他说我组织合议庭成员听一下跟开庭有什么区别？我说，所以我要求开庭审理啊。你为什么不敢开这个庭？

这也真是没办法，把我逼得跟法官反复较真。但是我们一定要注意，这种较真不是胡搅蛮缠，律师说的每一句话都要有法律依据。法律是怎么具体规定的？就是要**"听取"**辩护人的意见，是"听"，不是"看"，而且二审肯定是合议庭审理啊。

这个案件在实体上并不具有代表性，但对于二审不开庭的案件而言，它们是具有共性的。至少对于二审走过场的案件而言，这种抗争会争取到一定的时间、空间。

我原来讲过一个观点，有些案件随着时间的变化，会发生"情势变更"（后文也有专题讨论）。这原本是合同法里的概念，但是在刑事诉讼中也会有情势变更，最简单的一个例子大家都知道，《刑法修正案（九）》实施之后，受贿300万元才判10年，之前受贿10万元就可以判10年，当时很多人都面临这种情况的变化。

现在会不会发生情势变更？比如说当前处于扫黑除恶阶段，最近的涉黑案件辩护，大家都觉得没有辩护空间，很多律师都不接了，律师费出得再高也不接了。

不接其实也不全对，我们作为法律工作者，国家赋予的职责就是利用辩护律师的身份，通过另外一种渠道对公权力的运行形成制约和监督。国家要通过扫黑除恶打击犯罪分子，但是也要让律师在旁边看看，发现问题我们也可以及时提出来。如果真的是很严重的问题，也许会引起高层的关注。比如说有人借着扫黑除恶去打击报复，或者是成为利益双方当事人的一方的关联者，借机互相打击，这种情况已经出现了，那么律师的作用还是有的。不能说涉黑恶案件一概都不参与了或者不辩护了，那样，辩护制度也就没有存在的必要了。

当然，有些案件基本上没有辩护空间，我们都会劝当事人服判息诉，维护社会稳定，不要费财费力地折腾，我特别不赞成明知不可为，案件也没有问题，而有些律师还为了利益去鼓动当事人反复申诉、缠诉的做法。

说一千道一万，刑事辩护律师这个职业充满了无限魅力和自由发挥的空间。如果真的喜欢就用心去做，当然要在法律框架内。

控辩，在我看来，是一种比较"文气"的格斗。这是一种富有挑战性的活动，赢就赢得成就满满，输也输得明明白白，在重大案件中能发表非常精彩的辩护意见，无论成败，其价值都是不言而喻的。

近年来，我们看到了很多公检法的公职人员辞职出来做律师，我觉得这种现象非常好。他们在机关里受到了长期的专业训练，严谨的工作作风在刑事辩护里非常有用。而很多法学专业的学生一毕业就做律师，没有受到机关的这种训练，在严谨性，包括文字的写作以及对各方面问题的分析，以及最重要的组织纪律性方面，或多或少都有些缺失。同时，从学校毕业就做律师，也缺少必要的社会历练，不利于客观、全面地认知案件。

　　总之，近期中国刑事辩护的领域，尤其是近五年以来异常地热闹，这是一个蓬勃发展的时期。越是这样，我们越要冷静，刑辩律师的基本功、心态和价值追求都是很重要的要素。把这一切都融合起来之后，再经过几年的潜心历练，不要急功近利，把接到的每一个案件都做扎实，做出效果，你就一定会有所收获。

立：颠覆性思维

颠覆性辩护思维培养

刑事辩护，最重要的可能是要善于发现问题、分析问题、解决问题。发现问题，可能需要一种不同的眼光；分析问题，也可能需要一种不同的思维方式；最终的解决问题，一定是要跟公诉的逻辑完全相反的。公诉方往往是要通过他们的思维，把这个人定罪。而我们要通过辩护的思维，把这个人解脱出来。所以，善于发现问题是很重要的。

任何一个案件，当你开始介入的时候，就应该想这个案件**一定是有问题的，一定是可以按照无罪的思维去分析它的**。而且，完全有可能最终就是无罪的结果。但是很多律师很可能不会这样想，也不敢这样想，或者虽然他们敢这么想，但不知道怎样去分析。所以很多人习惯于按照传统的套路去辩护。

我在很多场合都说，**四要件、三阶层辩护的方式早已经过时了**，我们不应该再固守传统的、课堂上学到的四要件、三阶层犯罪构成理论来展开辩护。为什么实践中的案件与理论的距离有时候是巨大的，有时它们甚至完全是两个场域。不仅是中国，我在日本考察时，也听日本的刑事辩护律师讲，他们的刑法理论和刑事辩护实务也完全是两套体系。

还有很多专业律师，甚至是专业律师里面的大牌律师，往往也会跟大家讲：我这辈子无罪辩护的案子就有两个。我认为两个其实是不够的，作为一个专业的刑事辩护律师，应该做到每一起刑事案件接单之后，一定要想办法首先考虑无罪的辩护思路，这是一种专业的精神。

刑事辩护必须要具备相当强的逻辑分析能力。根据这么多年的总结和归纳，我发现，要具备这种能力，辩护思维非常重要。现在大家经常研究法官的思维，研究检察官的思维，却很少有人研究律师的思维，特别是刑事辩护律师的思维。

为什么我们说律师的思维非常重要呢？

很多律师在办理刑事案件的时候往往认为，辩护工作的重点就是在公诉机关移送给法院的案卷中挑毛病，以其矛攻其盾。也就是说我从他的案卷当中，找出他的瑕疵、矛盾之处，支撑我的观点。我以为，这可能是**比较低端**的一种做法，它不能够解决根本的问题。

事实上，有很多律师是不看案卷的。有一次我在海淀法院开庭，代理一个赌博案件。该案件一共有四名被告人，我在法院门口等了许久，一直没有开庭。然后就问旁边一个律师模样的人。这个人提了一个公文包，戴个眼镜，文质彬彬的，我估计他应该是个律师。我问他，你也是今天那个赌博案子的代理人吧？他说是。我说你是哪个被告人的律师啊？他说我想不起来了，我看一下啊。他翻了半天材料才想起来。后来开庭的时候他还没去，他说交一张书面的辩护意见给法官就可以了。

有些律师就是这样，不看案卷，甚至连当事人的名字都记不住。当然这是比较少见的个别的律师很不负责任的状态。

还有，再好一点的律师，就是相对专业一些的，特别是一些大所、专业所的律师，这类律师通常坚持这样的想法：在案卷当中找出证据、找出矛盾，然后来质疑并试图推翻指控。事实上，我觉得这应该是每个律师都需要具备的一种最基本的能力，但是用这种方法去应对重大、疑难、复杂的案件，想彻底地推翻它，实际上**远远不够**。

我的观点是：我们拿到一个案件，**不要去想在检察院、法院的案卷里面挑点什么毛病就能够一招制胜，然后全盘扭转，获得无罪判决的结果。**几乎没有这样的可能性。

我们需要重新构建一套证明体系。

其实应该说这是一种符合当下实践的辩护方式，因为案件已经起诉到法院，准备开庭审理了，经过公检法几个部门大规模、长时间的搜集、固定证据，最终形成那么多的案卷，能轻而易举地在里面找到无罪的证据吗？因此我们就必须去想，用什么样的方式才能够证明他是无罪的这样一个问题。

重新构建一套证明体系，也许是真的无罪的唯一可能。

有人会觉得，这样的方式是有问题的，这不是律师应该干的事情，律师要做的只是提出合理怀疑。没错，理论上是这样讲的，也就是排除合理怀疑，但是我们不能只学习书本里的那一套，而是要重视司法实践。

司法实践是什么？司法实践就是说我们经常要用**数学的方法，计算出公诉机关的指控是错误的法官才会信**。为什么像聂树斌案这样的案件，拖那么久才彻底解决？而赵作海案、佘祥林案这样的案件却很快得到了解决？这就说明，像杀人案这样的冤案，几乎一定要等到真凶出现，甚至亡者归来的时候，才有可能彻底推翻。

我之前跟大家分享的时候也会讲到：全世界哪一个国家没有冤案？哪个国家都会有冤案，就是像命案这样的错案，很多国家都有。但你会发现，其他国家的命案冤案可能有真凶出现的情况，却很少见到亡者归来。这是一个非常值得注意的现象——为什么我们必须把这个活的人拉到法庭上来，才有可能让法官相信原来他并没有死，那个案子是错的。甚至有时候，这个活人到了法庭上，都不一定马上能在现有的程序中把原来的案件推翻？比如佘祥林案，他老婆都回来了，湖北法院还搞了个发回重审程序。

下面，我通过几个案例，简单地和大家分享我的一些思考。

案例一：浙江张氏叔侄奸杀冤案

这个案件可能大家都知道，各类媒体也有很多报道。其实我在刚接手这个案件的时候就发现了一些蛛丝马迹。

有个叫袁连芳的狱侦耳目在这个案件当中出现了。特别是他在同一时期，分别在两个省的类似案件中都以证人的身份出现。并且我注意到一个细节——他在两个案件的证言中都有一句话，用了相同的句式——"同号犯马廷新，神态自若地向我讲述了他杀人犯罪的经过"；"同号犯张辉，神态自若地向我讲述了他强奸犯罪的经过"。通过"神态自若地讲述"这样一个用语，我就断定这个人一定是有问题的。

而且，他是浙江人，当年为什么会跑到河南去？为什么在河南那个案件中作完证之后就消失了，在浙江这个案件当中作完证也消失了呢？我觉得从他这里入手，可能会找到一个突破口。

找到一个突破口之后，我又把案件材料拿出来研究。我发现当初侦破这个案件的"神探"是20世纪60年代以来，全国公安系统唯一的一个"三八红旗手"，号称"浙江女神探"，中央电视台还有一期节目对她进行报道。当时我就觉得，"神探"的思维可能出了一点问题。因为女"神探"发现有尸体之后，她就首先想，尸体是从哪里来的？查明被害人是从安徽来的，她就要弄清楚是谁把被害人从安徽带来的。当她找到是谁带被害人来的以后，她就觉得，带被害人来的这个人，就一定是犯罪嫌疑人，有最大的嫌疑。然后就抓了带她来的人，还实施刑讯逼供。犯罪嫌疑人最终招供，被定罪、判刑。一审，我的当事人张辉，被判处死刑立即执行。上诉之后，改成死缓，后来送到新疆服刑。到2013年，服刑10年以后，才被判无罪，得以平反。

全方位逻辑分析

从这个案件当中，我们可以发现一个什么问题呢？

如果我们逆着"神探"的侦查方向就会想到，难道说这里有一个人死了，就一定是带她来这个地方的人把她杀害的吗？有没有可能是在她下车以后，被其他人杀害了？这里面就有一个逻辑分叉的问题了。在人死了这个逻辑起点的时候要想到，至少有两种可能：一种是带她来的人把她杀了，然后被抛尸；一种是她活着下车，然后被其他人杀害。这是两种不同的侦查方向，可是当只确定一种侦查方向的时候，从理论上讲，就已经有了50%的错误的可能性。而"神探"就是按照这样的一种方式，认为死亡的时间一定是下车前，那就只能是司机作案。其实没有任何证据证实被害人是下车前死亡的。她还可能是下车以后被杀害的，但"神探"完全抛弃了这个侦查方向。

实际上，这里我们还要联系后来的另一起案件，就是一个叫勾海峰的人，他把浙江一个叫吴晶晶的女大学生给杀害了。这个女生的案子也是这位"神探"办理和侦破的。在这个案子当中，她的思维方向，也发生了50%的错误，但是案件她办对了，抓到了真正的凶手，因为她侦查方向判断对了。她发现死者最后接触的人是出租车司机，所以她就把侦查重点锁定为出租车司机，认为死者一定是坐出租车的时候死亡的，那么一定就是出租车司机干的。所以就根据当时现场遗留的痕迹物证，找到了出租车司机，最终得以破案。

这时候我们可以想一想，其实她后面这个案子虽然侦破对了，但是她的侦查方向，也是有 50% 的错误的风险的，破了案也有可能是碰巧。这样的碰巧就意味着只按 50% 的概率去推算，怀疑谁就抓来刑讯逼供，然后屈打成招，可能最终把一个犯罪嫌疑人、被告人判死刑，然后枪毙。显然这不是一种科学的方法。所以我们发现，很多案件当中，其实侦查方向都是有问题的，或者说侦查人员的逻辑思维是有缺陷的。我们刑事辩护律师在很多时候，需要靠强大的思维能力去解决问题。

就像之前给一个官员辩护的时候，我在法庭上发现，公诉人的逻辑有问题。我就说，公诉人的指控逻辑是混乱的。公诉人就很不高兴，说："反对，审判长！辩护人对我进行人身攻击。"后来我跟审判长解释了一下，说："审判长，我说他逻辑混乱，这个不叫人身攻击。我是说，他在用现有的证据，试图达到他要证明的结果。但在运用逻辑推理的过程当中，他出现了错误。而这个错误，我们把它视为形式逻辑运用的错误。错误就是乱套了，乱套就是混乱嘛。这是一个客观的描述。"但是公诉人还在那里反对，一定要审判长制止我，并以扰乱法庭秩序罪来制裁我。但是，法官并没有理会他。

后来我就感觉这么僵持也不太好，因为我的当事人是大学的校长，也是非常优秀的一位学者。我就插话问了一下当事人，我说你们法学院，难道就没有开设形式逻辑这门课吗？因为公诉人就是他那个大学的法学院毕业的。

这个故事就讲到这里。我其实是想说，在不同的案件当中，我们要试着拓展思维方向，避免盲区。思维问题其实是一个逻辑问题，而逻辑问题现在被很多人所忽视。特别是我注意到很多法学院的课程里，把逻辑学这门课给砍掉了。这门课原来叫"形式逻辑"，后来有一些学者为了搞课题，把这个改成"法律逻辑"，其实都是一回事。现在没有了，变成了选修课，有的学校甚至连选修课里都没有。"形式逻辑"这门课程非常重要，如果大家在这方面觉得还有疑虑，可以找几本书，读一读，多思考一下，你会发现这门学问很强大。

案例二：福建司法局长兼职翻译被诉案

福建一个司法局长因为在业余时间做翻译被控贪污。他被追诉了 12 年之久，经历过一次拘留、四次逮捕、四次取保候审、一次监视居住、两次网上追逃。通过这样不停地变换强制措施，他被追诉了 12 年，不得安宁。12 年之后，也就是 2014 年，他被福清法院一审以贪污罪判处有期徒刑 11 年。后来我给他辩护的二审，改判无罪，当庭释放。

当时，谁也不知道二审改判的结果，他家人前一天还在给我发短信说，听说要改判 10 年，很紧张。我告诉他们，一定是无罪的。他们问我，你从哪里得到的消息？我说我确信，这个案子必须是无罪的。他们说，这个案子是福建高院内审过的案件，而且福建刚刚平反了吴昌龙案、念斌案，怎么可能自己又改判呢？我说，一定是无罪的，你们听我的没错。于是他们就买了一束鲜花，在法庭门口等着这位"局长"。

结果上午 11 点半，福州中院当庭宣告上诉人无罪，当庭释放。

多层次类比解读

在这个案件当中，其实没有那么复杂的法律关系，也没有那么多的证据和事实的争议。我只用了一个类比，就解决了这个问题。

这位司法局长有个特长，他会好几个国家的语言。福建那边，特别是福清，有很多人出国需要办手续。很多公证的材料，需要翻译成英文、西班牙文、日文等，没有人会翻译。不像现在，大家都懂一点英语。那个时候，是 20 世纪 80 年代末、90 年代初，没有几个人懂外语。有人就找到他翻译，到办公室给他 20 块钱。他不要，说不要搞这样的。后来找的人多了，亲戚、朋友，他都不收钱帮人翻译。但是找他的人实在是太多了，没办法，他就说，下班之后我帮你们翻译，一个人收 20 块钱。而且他觉得一个人拿走还不好意思，收 20 块钱之后，还把一部分线分给公证处，给公证处搞点福利，就这样做了好多年。就是这么一件事情，检察院说他是司法局长，下班以后翻译，是利用职务之便。他收的这些钱就是公共财物，那就是贪污。

"司法局长—翻译—贪污"

公诉机关的这个逻辑看起来就很奇怪，说不通，但是案子就这么定了。

我就给法官举了这样一个例子：我们不说他下班之后去搞翻译，我们说他下班之后，到单位门口摆个摊修自行车，收个 15 块钱、10 块钱，这是有罪还是无罪？这叫利用职务之便吗？你不能说因为他是司法局长，这就是利用职务之便吧？修车挣的钱是公共财物吗？当然不是，这是他正当劳务的对价。

这样一类比，可能就看出其中的荒唐了。我们用这种类比的方式，会非常直观地把这个案件的荒唐性放大。放大之后法官可能就觉得：也是，下班后，他利用什么职务之便呢？翻译是司法局长的职责吗？不是。修自行车肯定也不是，大家都明白。但是翻译为什么跟他有点关联呢？因为公证处要公证出国的资料需要翻译，而公证处归司法局管，他们就是这样机械性地关联起来了。

那么我们再接着往下思考，其实还可以发现一个问题：如果上班时收翻译费是贪污，那修自行车挣钱是贪污吗？也不是。那么如果我上班的时候，把单位的公车开出去，开网约车，接了两单活，赚了 50 块钱，是不是有罪呢？恐怕也是要打个问号的。如果是有罪的话，是什么罪呢？是贪污吗？还是滥用职权呢？所以这个案件中公诉人的逻辑就是，只要有事，并且感觉不太正常，他就一定想办法给你定一个罪。

假如有这样一个案例：法院的法警没事干去开车，如果开的不是挂警牌的车，他上班路上开个顺风车赚 50 块钱。是犯罪吗？如果是贪污，他贪污的数额是多大——我们且不考虑这个数额到底应该算多大——是公车这一趟的磨损费用，加上公车的油钱，还是他赚的车费？其实这里面都可以分很多层去分析。假如真的遇到这样的案子，我们就要考虑到这些问题，层层分析。所以**律师的思维，一定要比公诉人深八度才可以。**

那么我们接着看，还有这样的一个案例（实践当中，特殊案例比较多）。前不久有网络报道，说陕西一个移民局的局长，把单位的公车借给一个民营企业用，而且他自己也在这个民营企业兼职，他就被指控为贪污。但是这个案子最终是被判无罪的，很多人不理解。

检察院指控说，你把单位的公车开出去赚外快，这个钱就给了你，你就是贪污。但是后面法院觉得，他把这个车开过去是兼职，他可能就是公车私用。以更严格的意义上讲，公车私用难道就不可以按贪污罪追诉吗？其实这是公诉人员常有的一个逻辑，如果严格按照犯罪构成来说，公车私用，就是该你出的钱你不出，也是有问题的。所以这就是看你站在哪个角度。如果从公诉人的逻辑出发，也许也会认为这个可以追究。但我就要重点从辩护人的视角找出无罪的合理解读。

我再举一个刚刚发生的案例。前段时间我在安徽蚌埠，给一个安徽的律所主任行贿案开庭辩护。这个律所的主任是安徽省十大杰出律师，他出事以后，他们所里的律师就全力给他辩护。经过顽强的辩护，最终他的行贿罪还是被定上了，而且判了十年三个月。

一个行贿罪可以判十年三个月，我们觉得是很重的。有的行贿几百万元都没有被追究，而且这样的情况非常多。但是这个律所主任，为什么会被判行贿罪呢？

二审我去辩护的时候，发现了一个问题。检察院起诉他犯行贿罪，且不说事实是否成立，证据是否确实充分，我们就看一个法律适用问题。行贿罪是否成立涉及一个关键词——职务之便。那么他送钱的这个人有没有利用职务之便呢？其实不用看案卷，因为看起诉书指控的一个重要的事实：是说这个律所主任，给安徽高速公司的一个财务人员送钱，高速公司的人收了他的钱，介绍他去交通银行去当法律顾问、代理案件，这就是行贿犯罪了。

"行贿罪—受贿罪—职务之便"。

其实，在侦查、一审阶段，包括他们原来的辩护过程中，大家似乎并没有重视这样一个问题：这是行贿吗？我们想到刑法理论当中还有一个叫作斡旋受贿的行为。斡旋受贿的行为跟一般的受贿罪表象基本上是一样的，但是区别在于受贿罪是利用职务之便，为他人谋取利益，不管这个利益是正当的还是不正当的，也不管是合法的还是非法的。只要你利用职务之便给他人谋取了利益，收了钱，就构成受贿犯罪。

但是斡旋受贿的受贿人不是利用自己的职务之便，而是利用自己的职权或地位形成的便利条件，通过其他国家工作人员职务上的行为，去帮别人办事情，收钱，这叫斡旋行为。而这种斡旋行为的构成要件之一是为他人谋取的是不正当的利益，这是跟一般的受贿罪的一个区别。

按照这样的方式来解读的话，收钱的这个人构成受贿吗？高速公司是一个企业，交通银行也是一个企业，我是这个企业的工作人员，介绍一个律师到那个企业去当法律顾问，然后律师给我送点钱，我这不就是一种中介行为吗，怎么能叫受贿呢？他又不是到我们公司来当法律顾问，或者是我可以主管我的公司，聘请他当法律顾问。所以我觉得，收钱的人可能都不构成受贿，那送钱的人更不构成行贿了。如果确定了这样的一个思路，你就会发现，二审就有新的解决路径了。

那我又在想，一审的检察官、法官，还有律师，为什么没有发现这样的问题呢？我发现他们大量的工作就是在纠缠到底有没有送钱，以及款项的来源和去向。他们说被告人被审讯的时候，收钱人和送钱人都承认过，这个案件是很难推翻的。

所以二审的时候我就和法官说：法官，你们有没有注意到，之前的办案人，包括一审法院似乎忽略了一个问题——本案收钱的是高速公司的职员，而跟上诉人建立法律关系的是交通银行。所以我在开始发问的时候，只问了几个简单的问题。我问上诉人，高速公司跟交通银行有什么法律关系吗？上诉人说没有。我说指控收你钱的那个高速公司的人在交通银行有任职吗？他说没有。我说交通银行的工作人员，在高速公司有任职吗？他说没有。那他们互相之间有什么关系呢？他说什么都没有，就是两个独立的企业，没有任何法律关系。那不管上诉人有没有给高速公司的人送钱，都不可能构成行贿罪啊。我向审判长展示这个思路之后，辩护意见就很简单了，我不需要再提出排除非法证据，也不需要证实犯罪事实是否清楚，到底送了多少钱。审判长当庭就说休庭。

休庭十分钟之后，审判长把法锤一敲——撤销原判，发回重审。

法官可能意识到问题了，在我发表这些辩护意见的时候，他突然一惊，似乎他原来也没有注意过这个问题。所以辩护思路，有时候要跳出公诉人的"套路"，不要跟在公诉逻辑后边手忙脚乱地辩护。

案例三：吴起县合作医疗办主任玩忽职守案

这个案例可能讲起来也比较有意思，发生在延安的吴起县，那里的合作医疗办主任涉嫌玩忽职守。这个案子是个小案子，案发地比较偏僻。

去了之后，我才发现，这个案子在当地搞得轰轰烈烈。

吴起县那个给农民报销医疗费的合作医疗基金，被当地的农民给骗走了500多万元。怎么骗的呢？农民都到西安去买假的住院病例，一套700块钱，填个2万元、3万元、4万元，就拿到合作医疗办报销。经查，发现两年多的时间，被骗了500多万元。所以当地认为，这是一起很大的案件，就把合作医疗办的主任，也就是我的当事人给抓起来了。

抓起来之后，控方就说他玩忽职守。为什么是玩忽职守？很简单的思维：钱被骗了，在你任职期间，钱在你手里被骗走了。而且用什么手段骗的呢？是用的假病例单，你没有发现，就是没有尽到审查义务，导致钱被骗，所以是玩忽职守。公诉人的逻辑就很简单：医疗基金被骗，有假的手续，你作为主任就是失职，所以你玩忽职守。他的逻辑链条就是什么呢？你有职务→你有审查的义务→你有失查→导致被骗→你必须有责任。

这里面，公诉人还强调了两个细节，具体来讲，就是主任在审查的时候，没有审查报销人的身份证，也没有把他报销的这些医疗资料公示，所以导致报销成功。意思就是说，如果查了他们每个人的身份证，而且把每个人的报销资料公示，那么可能就有人说，这人没有病啊，怎么会报销呢？但是，这两条的要求出自哪里呢？这是他们县委发的一个文件中的要求。

我们可以想一想，县委发的文件的法律性质是什么？我想，它既不是法律，也不是法规，也不是司法解释，也不是部门规章，它顶多是一个规范性文件，而且仅仅是县委办公室的一个规范性文件。所以在法律框架当中找不到它的定位，这是一种分析思路。

拆分证据链条

我们辩护，也要建立一种辩护逻辑。难道说有假的报销手续，我没有发现，导致资金被骗，一定就是我玩忽职守吗？难道说，这种假手续导致资金被骗的原因只有一个——我玩忽职守吗？还有没有其他原因？我想一定有多种原因，并不一定就是我没有尽到审查义务。也就是说，可能我尽到了审查义务，但还是被骗了。那怎么来分析这个问题？

我们首先必须要明确一个概念——审查义务是什么？如果我作为合作医疗办的主任，我来给这些农民办理报销的话，需要审查的事项是什么？我们就要去找。当然我帮他去找一定有我的主观目的——我一定要找到他没有犯这个错误，而且还要让别人觉得有道理的根据。

假如我是合作医疗办主任，如果构成玩忽职守，有可能在哪些方面出现错误？第一，如果这个人不是吴起县的人，也没有参加合作医疗保险，结果他报销成功了，那我肯定是有审查失职的。因为他有没有参加合作医疗我是知道的，我是能查到档案的。第二，如果他报销的项目，有的病可以报，有的病不可以报，有的药比如说冬虫夏草不能报，甘草就可以报——报销项目超过了国家规定的范畴，那么这可能导致或多或少的国家损失，这我也有责任。第三，数额，他本来该报70%，我给他报了90%，数额错了，这个也是我审查的责任。第四，他没有住院的手续，或者住院的手续里面有明显的瑕疵。比如说，该有医院盖章的，没有，甚至就是他自己填的，一看就明显不对。我觉得这些是医疗办应该审查的。而且，我们也找到了依据，按照这四项审查是陕西省卫生厅推广的一个经验，此前开现场会在全省推广。（这是一个试点，当时并没有像现在这样，直接在医院报销，然后医院和合作医疗办去结账，这是后话。）

按照公诉人的指控，我们采用了逆向思维，提炼了几点值得研究的问题。

先说身份审查。公诉人说，你没有按要求审查报销人的身份证，这是你的玩忽职守之处。那么，我就一条一条地来解决它。怎么解决呢？就是提出合理怀疑。我就说，要求报销的人一定要凭身份证来亲自报销，这是不可能的。为什么不可能呢？比如，那个人病重，已经发了病危通知书，下不了床，或者交通肇事案件中的受害人残疾了，根本就不能动，或者变成植物人了，你能让他亲自来报销吗？不可能。婴儿刚出生三天可能得了黄疸，住院治疗，你让他来报销吗？也不可能。还有一些农村的老人，可能八九十岁了，从来都没有办过身份证，你能让他凭身份证来报销吗？也不可能。还有，这个人死亡了，但是他死亡前治病的医疗费还是可以报销的，那你能让死亡的人来报销吗？也不可能。所以，公诉人说的这个要求本身是存在很多种不可能实现的情形的，是不合理的。那就不可能按照这个思路来追责。

其实，所谓身份审查，并不是说凭身份证审查，而是要凭报销人的合作医疗证审查。合作医疗证是什么呢？就是早期给本地的农民办合作医疗的时候，只要他交了钱，有户籍资料，有身份证，或者没有身份证，他有户口本，或者也没有户口本，村里给他写证明，只要办了手续，交了合作医疗的保险费，就可以报销。所以，身份证并不是唯一的可以报销的证明。那么，再要求审查身份证就是不合理的。

此外，控方还说这些人的病例资料没有公示。我说，如果这个人得了艾滋病、精神病，也要公示吗？你要把他的病情资料贴出来，让全乡的人都知道那个人有艾滋病？这是个人隐私，要求合作医疗办公示病例单是侵犯个人隐私的行为，是法律所不允许的。

所以上面这两个条件，一个涉及事实上不能实现，一个涉及法律不允许。因为这两点说他玩忽职守，肯定是说不过去的。

那么，我们再看本案中当事人干了什么呢？第一，报销人没有出现错误。尽管报销人提供的是假的手续，但是他们本身都是可报销人员范围里的人。第二，报销的项目也完全符合法定报销的项目，金额也没有算错。那合作医疗办主任有什么责任呢？假病例单一定是他应该审查出来的吗？他有孙悟空的火眼金睛？而且假病例单有的本身就是真病例单，只是内容是假的。如果是这种情况，他更不可能看出来，即使去做鉴定，这些病例单本身也都是真的，只是内容没有实际发生。很多人买发票，不就是买真发票吗，就是这种情况。

所以我们通过这样的分析，就发现当事人并没有玩忽职守。总结来说，就是合作医疗办的主任在审查的时候应该审查什么？进一步讲，审查这些报销的单据，是什么审查？它是一种形式审查。形式审查的要求是什么？是形式完备，比如说有住院证、报销清单、每日费用清单、诊断证明、病例资料，需要有这几项内容。我一看，没有表面上的瑕疵，我认为就是形式完备，就符合报销的项目，我算数据的时候没有错，就应该报销。不仅应该报销，而且没有理由不报，不报反而是侵犯了农民的利益。所以，并不存在玩忽职守。

接下来的情况是，还有些假病例单和票据，那我们再进一步讲，就算是实质审查，也不能要求达到技术鉴定级别的审查。医疗办主任是搞文检鉴定的吗？要他鉴定这张票是假的？公章是假的？他没有这个能力。

我举了个例子。我说你还记得你们西安，省会城市，发生过一起票据诈骗案吧。就是有一个人用一张假的支票，到银行骗了78万块钱。但是这个骗子被抓起来了，银行也没有追究职员的玩忽职守。假的支票就是假的，银行也没有审查出来。当时也有一个重要的观点就是，银行对支票的审查，也是一种形式上的审查，只要是符合法定形式的支票，而且有预留的印鉴，核对无误。肉眼是看不出来实质内容的真假的，骗了就骗了，损失就损失了。不是说有损失，就一定要追究相关人员玩忽职守的责任。

其实这个案子归到最后一点，还可以分析一下公诉人的逻辑。他们往往呈现的是这种比较粗的直线链条，而且会尽可能地用比较简单的证据链条，用两节或者三节证据，就形成他们所谓的证据链。公诉人经常在法庭上讲，有被告人的供述、证人证言、书证，并且证据与证据之间相互印证，所以本案事实清楚，证据确实充分，足以定案。

之前在南昌大学原校长的那个案子当中，公诉人也是这么说的。我说公诉人，你说有被告人的供述，但是被告人先供述说收钱，又供述说没收钱，当庭也说没收钱，那你的相互印证是怎么来的？证人先说没送钱，后来又说送钱，现在证人不见了，你也没见过这个证人，证人也没有出庭作证，你怎么能够确信他到底是真送了钱，还是假送了钱呢？你也没有办法判断。

所以，我们在针对公诉人的指控逻辑时，可以考虑把它比较简单的证据链条分解开，然后加进去更多、更细的环节。比如3个环扣起来的链条，我把它解构成8个环节，8个环节其实里面有7处是可以切断的，那我们成功的概率就提高了：只要你切断任何一处，这个证据链条就断掉了，你就有可能成功。

比如公诉人说这个人送钱，行贿人从银行取了钱，那你可能去银行调查，发现没有取款记录，没有取款的来源。公诉人也可能说，是让行贿人的朋友帮忙送去的，结果查明，他的朋友那天根本就没有跟他在一起。还有指控说，行贿人兑换了美元，但你发现他没有兑换的记录，甚至你又发现，当时的政策是不允许一次性兑换这么多美元的，这就可以提出一个有效的质疑。然后控方又说给受贿人送钱的那天下大雪，结果你查天气预报，发现那天是艳阳高照，等等。每一个环节中都有可能发现突破点，把这些环节综合起来，成功的可能性就会更大一些。

这样的一些思维方式，可能更符合我们案例教学的需要，尤其是讲理论讲不清楚的时候。所以我一直希望法学学者走下讲台，多参与案件的办理，有更多的实务经验，对理论会有更多更深入的感悟，更有益于一线法律教学。

无罪辩护的思维与空间

刑事辩护是较为辛苦的一个职业，没有太多的光鲜亮丽，更少有鲜花和掌声，更多的是辛苦的奔走，还常常受到不公正的对待，是最贴切的"法律民工"——社会地位低下，收入微薄。但令人欣慰的是，尽管现实如此，却有越来越多的年轻人喜欢这个职业了。

作为一个在刑辩江湖闯荡多年的"过来人"，我想告诉大家的是，人的一生是有限的，当你在有限的生命中做自己喜欢的事情，并且觉得很有挑战性，有成就感，也非常有意思的时候，那你就要去做，而不要去考虑它在短时间内能否给你带来巨大的财富。那究竟最后目标能否实现呢？其实只要你真的付出努力、付出心血，用最大的热忱，目标最终一定会实现。也许是今天，也许是明天，最晚不过后天，定会有所收获——既包括物质上的，也包括精神上的。

我们可以看到，近两年刑事辩护领域相当火爆。我想提醒从事刑事辩护的律师，一定要注意这个问题，**即你要在什么样的背景下开展刑事辩护**。这个背景包括政治背景、政策背景、地域背景、情势背景，如果你了解了这些，"知己知彼"，才可能有所成就。否则，你就会苦恼不尽：一方面，会有着巨大的职业风险；另一方面，是毫无意义的虚度，最后还可能走向身败名裂。

在这里，我想说的第一个问题是刑事辩护的现状。

目前我国刑事辩护的市场异常火爆，各地都在开展刑事辩护的培训，包括几所知名的政法院校，这显示出社会对刑事律师专业培训的重视。随之而来的是原本不怎么重视刑事业务的律师事务所也开始极力拓展刑事业务，包括原先不愿意涉及刑事辩护领域的女性律师也积极加入这个行列。由此可见，当前我国刑事案件数量与日俱增，并且需要更多高质量的刑辩律师。更重要的是，刑事辩护已经逐渐摆脱了之前"走过场"的模式，更多地强调实质辩护。现在的刑事案件当事人及其涉及的罪名与过去有所不同，之前可能大多是一些故意伤害罪、故意杀人罪、放火罪、抢劫罪等自然犯罪，辩护侧重于事实认定和量刑情节问题。现在更多的是合同诈骗罪、票据诈骗罪、骗取贷款罪等经济犯罪，案件更多的是法律适用问题。

综合以上几个方面，可以说我们迎来了刑事辩护的春天。但也不能掉以轻心，因为这个"春天"具有两面性：刑辩业务量增长的同时，它的风险也不容小觑。近年来我曾一起合作过的律师已经有五位被抓，尽管最终大多获得了无罪判决，但被关押期间给精神上造成的痛苦、给家庭带来的压力都是巨大的，以及对这些律师今后的职业发展乃至对整个律师界的影响，都是极其深远的。

为什么刑辩律师总是被抓？我们首先要了解我们处在一个什么样的背景下。虽然我们大力提倡"依法治国"，但实践中，公检法机关工作人员却走不出长期以来形成的思维惯性和固有偏见，他们就认为律师是他们工作中的阻碍——阻碍他们侦查、起诉、审判和执行。我们曾经专门研究过"冤案的形成与事后追责"相关情况，发现所有的不幸都是相似的，但追责方式各有不同。有些是党内处分，有些是警告，最严厉的不过是严重警告，等等。这样，公安司法机关工作失误的成本就非常低，就很难引起对冤假错案该有的重视。

之前安徽阜阳有一起案件，一审认定被告人构成故意杀人罪，二十几年后改判无罪，但并未追究相关办案人员的责任。五名当事人就穿着上访的衣服和特制的喊冤披风，到阜阳中院门口要求追责，而当年参与此案侦查的办案人员全部都升职了，还荣获了集体二等功，这简直是个"笑话"。

刑辩律师好像跟公检法有利益冲突，成为了它们的对立面，可是辩护权怎么跟公权力抗衡呢？仅凭我们的法庭辩论是做不到的，这时候我们就要寻求最有效的办法。但刑事辩护领域风险很高，要有娴熟的技术，才能在这搏杀场中击倒对方而不自伤。

我在四川泸州代理过一起职务犯罪案件，开了四次庭前会议。我方申请启动非法证据排除程序、申请证人出庭作证，但法官均未许可。这并非技术问题，实际上，法官基于在查明案件事实的基础上作出公正裁判的职能，就应当排除非法证据、通知证人出庭作证，而非不经质证直接采信证人庭前作出的对被告人不利的证言。若法官根本不愿意让证人到庭上再次作证，可以推断其将会直接采信公诉方移送过来的证实被告人有罪的书面证人证言，那结果可想而知。

再说非法证据排除程序，《刑事诉讼法》第58条有如下规定：

法庭审理过程中，审判人员认为可能存在本法第56条规定的以非法方法收集证据情形的，应当对证据收集的合法性进行法庭调查。

当事人及其辩护人、诉讼代理人有权申请人民法院对以非法方法收集的证据依法予以排除。申请排除以非法方法收集的证据的，应当提供相关线索或者材料。

但在这起案件中，直到第四次庭前会议前，我方也没能成功启动排除非法证据的法庭调查程序。

第四次开庭前会议的时候，我以为会有重要的事情通知，结果法官就说了五分钟：第一告知开庭的时间；第二给了当事人五张开庭的旁听证；第三出示检察院递交来的新证据。但这是什么环节提交的证据呢？是退回补充侦查吗？还是由于别的原因？没有任何法律依据。那这些新证据又是什么呢？是检察院找到了之前已经提供过证言的几名证人，再次做了一份新的笔录，证实他们之前提供的证人证言属实，并未有新的内容。

我的当事人也是法律本科毕业，所以他很清楚自己受贿4000多万元的数额，是怎么样的一个量刑标准。而且他也没有自首、立功等从轻、减轻处罚情节，根本没有可协商的余地。他找我为他辩护，因为他之前了解到南昌大学原校长周文斌的案件是我辩护的。他说要在开庭的时候好好表现，起码要比周文斌表现好，绝对不会让我失望。结果正式开庭的时候，我们开了一天半，他整整讲了一天半。更重要的是他还非常有气场，甚至比我这个辩护人都更有气场，而且他讲着讲着就会突然凝视着审判长说："这个问题，你来回答。"之后又将目光转向检察官，说："这个问题，你来解释。"他其实主要讲他是如何被刑讯逼供，侦查人员因此获取了他的有罪供述，而这些有罪供述都应当作为非法证据予以排除。

　　在这一天半的庭审中，一方面他讲述了这个案件发生的背景，是说他的领导要对他进行打击报复。因为之前当地有一个涉黑案件，是公安厅挂牌督办的。但是有个领导交代办案人员说要关照一下，而办案人员认为这是公安厅督办的案件，就还是将人给抓了，然后这个领导就很不高兴，亲自出马进行多方协调，走了一系列的刑事程序，最终将这个涉黑案件涉及的诸多罪名抹除，最后只认定了一个罪名，判了一年多。我的当事人在庭审中当庭举报这位领导时，这位领导就在旁听，甚至这位领导的领导也在旁听，但没有人敢打断他，他就滔滔不绝地说了一天半的时间。

　　另一方面，他还列举了很多细节，讲述他在被关押期间是如何遭受刑讯逼供的。疲劳审讯的细节，他能够说得让人十分动容，甚至潸然泪下。很多当事人，尤其是职务犯罪的当事人，他们都会觉得自己是冤枉的，哪怕不是那么冤枉，也会为自己喊冤。但他们喊冤，说自己受到了刑讯逼供，却无法为自己证明。因为，既没有明显的外伤，也找不到证据证实这些非法手段是如何实施的。但我的这位当事人就不一样，他把所有的一切都讲得十分详细、具体，甚至还涉及了生理健康知识。就拿他被关押时每天都只能吃一片方便面举例，他说："整整95天，除了方便面，没有其他的食物，营养十分不均衡，没有维生素和蛋白质摄入，对人体健康的损害是极大的。"一句话总结就是：我受到了惨无人道且旷日持久的刑讯逼供，包含冻饿晒烤疲、威胁、殴打等种种手段，坚决申请非法证据排除。

　　法庭认为，法律并未规定一定要在宣读完起诉书后立即启动对证据合法性的审查，结合案件审理的具体情况，也可以在质证的时候提出对相关证据合法性、关联性和客观性的质疑，也可以产生排除非法证据的效果。但我的当事人并不同意，他的理由是，一旦这些非法证据，尤其是对他不利的、用于证明他有罪的供述、证人证言以及他亲笔书写的有罪供述材料等在法庭上出示，并经过漫长的法庭质证环节，无异于"慢性自杀"。因为一旦这些证据进入法庭，将给法官留下深刻的印象，法官潜意识里就会对他形成有罪的推定，所以一定要在这些证据正式出示给法庭、进入法官脑海之前就排除掉，这样法官才能够更客观公正地审理这个案件。

由于控辩双方僵持不下，再加上我的当事人又非常有权利意识，他拿着材料扭头就要走，说，我不开这个庭了。法官当场愣在那里，反应不过来，大概他从未见过有当场退庭的刑事被告人吧！幸好法警把这个当事人拦住了，但是法庭应当采取什么措施来对他予以处罚呢？

之前有过这样一条司法解释，规定可以将当庭离席这样违反法庭纪律，扰乱法庭秩序的人逐出法庭，然后另案处理。但是那个是针对有多名共同被告的案件，而这个职务犯罪案件，只有他一个当事人，如果将他逐出法庭，这个案件还怎么继续审理呢？

这让我想起了江西周建华案件的二审。这个案件的当事人在法庭审理过程中还唱歌表示不满，法警就将他绑在凳子上，20多分钟的时间内，公诉人指控他犯了二十几项犯罪事实，并一口气出示完了相关的证据材料，当事人没有进行辩解，辩护人也没有发表辩护意见，甚至都没有法庭质证，更没有所谓的法庭辩论，就这样开完庭了。这种做法给这起案件的诉讼程序留下了一个致命的硬伤，就像我们近几年平反的20世纪发生的聂树斌案、呼格吉勒图案等。再过十年，我们回过头来审视这起案件的审理，很可能因程序严重违法而被纠正，可能又是一起冤案。

再回到我的这起案件，当时就休庭了，后来我以为会接着开庭审理，但是法院通知我，他们院长要约谈辩护人。

跟我们谈什么呢？原来法院想跟我们说，让我们律师去劝当事人遵守法庭纪律，配合法庭，按照既定的程序将这个庭顺利地开完。法院院长和审判长言语都非常客气，非常礼貌，但暗含了两层意思：第一，就是觉得我们律师有责任有义务，去劝导当事人配合法庭的审理；第二，也算是对我们律师敲个小小的警钟，要求我们谨言慎行。

既然法院如此客气，我们也就非常配合，我对法院院长和审判长说，我们会尊重法庭，也会配合法庭的审理。但同时我也表明，由于《刑事诉讼法》规定辩护人享有独立的法律地位，作为接受委托的辩护人，在法律框架下应尊重当事人的意见。尤其是这个当事人，他做过公诉人，也做过领导，他知道法律是如何规定的，有自己的内心判断。并且我作为他的辩护人也会采取一切合理合法的手段，为我的当事人争取基本的诉讼权利。而作为一名律师，在进行刑事辩护的时候，不仅仅要受到《刑事诉讼法》的规制，同时也应当遵守《律师法》。因此，我作为律师，为我的当事人辩护时会对我在法庭上的一切发言，甚至我在庭外的一切发言负责，也谢谢法院的提醒。于是上午我们跟法院沟通完之后，法院就说希望我们下午去会见当事人，并将他们的意思传达到位。我说没问题，于是我下午就又去会见了。

很多刑事辩护律师，他们会希望每一起案件都尽快开庭、尽快出判决结案，这样的话他们好有精力、有时间去接手下一个案件，收下一笔律师费。但是这样一起重大的案件，这名当事人是将他几乎一生的自由都托付给我，我觉得我还是不能如此草率。

做刑辩律师，不应当以迅速结案为目标，而应当以当事人利益最大化为目标。 有时候为了当事人的利益最大化，我们会**以时间换空间**。就像这个案件，如果说我们真的就照法院的意思走流程，尽快把庭审结束，那可能真的就像我的当事人说的，无疑是在"自杀"。

说到下午我去会见的时候，看守所安排我去 2 号会见室，就是在一楼的第二个会见室。

会见室里当事人和律师之间是有玻璃隔开的，玻璃的下方有几个小孔，声音只能通过那些小孔来传递。但那天我一走进这个 2 号会见室，就觉得有一点不寻常。因为按照以往来这里会见的惯例，都是按序号 1、2、3、4 的顺序安排使用会见室，而今天 1 号会见室并没有人使用，我进去时看到 1 号会见室是空着的，但工作人员却把我安排在了 2 号。我出门转了一圈，发现 1 号没有人，2 号旁边的 3 号也没有人，我就很疑惑，为什么今天的会见被安排在 2 号会见室？

我坐下之后开始等管教把当事人提过来，我又发现原本用来传递声音的小孔被什么东西给堵上了，我就更加疑惑了——本来这个声音的传递效果就不佳，现在把孔都堵上，是想让我吆喝着跟当事人会见吗？这个时候我意识到可能有猫腻，于是我将我的东西收拾好，到了 1 号会见室坐下。当管教提人过来的时候，我就跟他说在这里会见，他当时愣了一下，但也并没有说什么。只是我的当事人刚坐下一分钟，突然就闯进来几个警察，大声呵斥，仿佛在抓现行犯一样，说：你怎么回事！不是安排你到 2 号会见室会见吗？谁允许你跑到 1 号来的？你不服从安排、违反规定……我说，你让我进来会见，我看 1 号会见室空着，我就进来了，这有什么问题吗？那个警察就说，安排你到 2 号你就必须去 2 号，不允许私自换到 1 号会见室，而且刚刚你明明就去的 2 号，为什么又跑到 1 号来？还想不想会见了？

这不就正好说明他在一直监视着我的一举一动吗？

我就说你凭什么不让我会见呢？律师证、会见函和律所证明，我"三证"俱全，就应当安排我和当事人会见。并且我刚刚去 2 号会见室看了一下，这个小孔都被堵住了，这让我怎么跟当事人沟通和交流呢？

但是这个警察并不回应我的疑问，只说反正你不能在 1 号会见室会见，1 号会见室我们今天另有重要安排。我就又说，"有什么安排，也应该讲个先来后到，会见时不都应该是哪个空就先进哪个吗？我先来的，1 号空着，我不就可以用吗？"他说不行，1 号会见室不让用。我就说 1 号不让用，那我去 3 号总可以吧？你们 2 号会见室玻璃的孔都堵住了，没有办法会见。他说不行，今天你必须去 2 号会见室会见。

但是这个警察就说我会见不合法，不遵守规定，然后给他们所长打电话。不一会儿就来人了，四五个警察将我团团围住，像是要把我抓起来一样。这个看守所的所长来了之后就问是怎么回事，我就跟他说了 2 号会见室的小孔被堵住的事情，但是他并没有回应我，我猜这个事情他肯定是知情的，但是他也只能装糊涂。

这时我的当事人就在里面大声喊着，说："你们这是什么意思？你们不就是想监听我们会见说了什么吗？连我都知道，法律规定律师会见当事人不被监听，你们难道不知道吗？"这个所长就说："我们当然知道律师会见当事人不被监听，因此我们也没有开监听设备。这样吧，今天你就在 1 号会见室会见。"我听他说完这句话就在想，什么叫"也没有开监听设备"？那意思就是他们也可能在我们不知情的时候打开监听设备吗？那是不是之前的几次会见有可能被监听了呢？这样的话，我们辩护人和当事人之间沟通的应对的策略、辩护思路，是不是都被他们知道了？同时我也在思考，是不是下一次会见的时候可以将计就计，就跟当事人说，你就全部都招了吧，如实供述自己的犯罪行为，获得一个宽大的处理的机会。

其实我是想说，刑辩律师的风险无处不在。当年在一起重庆涉黑案件中，我也是其中一位辩护律师，法院通知要开庭，通知律师才可以会见，阅卷后，下午我就赶去会见。离开庭只有几天了，我连当事人都没有见到，于是我就赶紧去看守所。但是看守所的人说这个案件当事人会见要经专案组同意，但谁也不知道专案组在哪里，刑事诉讼法也没有相关的规定。"专案组"从何而来？去哪里找？而且这个案件很奇特，我之前去检察院公诉科问案件是否已经移送审查起诉，工作人员居然说不知道，正好那天的报纸上有报道说那个案子已经起诉了，他看了看报纸说，哦，这个案件已经起诉到法院了。

因为看守所坚持让专案组来陪同会见，我就说："这起案件全国上下都在关注，怎么能到审判阶段了还不让会见？你这样办案公安局长是要承担责任的。"正在这时，又一位律师出现了，开始与看守所的人争吵。这位律师坚持会见的时候不被监听、监视。吵了半天，他最终还是在专案组人员的监视下进行了会见。

很多律师会做会见笔录。所以我建议，做会见笔录可以，但是要讲究方法。首先你要认真地记，记完之后最好让当事人自己再手写一份材料并逐页签字、按手印。

我之前办理的河南的一起案件，还有一名当地律师跟我一起共同办理，我会见完之后就走了，结果我走后三天这个律师就被抓了，并且我这个当事人的妻子也被抓了，一下就联系不上了。后来我们去了解情况才知道，原来是这个委托人（当事人的妻子）跟那名当地律师说让他会见时捎几句话，结果这个律师说你自己写下来我给你带进去。这个操作很不规范，因为递纸条这个行为是一定会被监控记录下来的。后来确实被看守所发现了，他们就查到了这张字条，还研究这张纸条的内容；有这样四句话："家里一切都好，不用担心；你要学习某某某等，他们都曾经坐过牢；是你做的就承认，不是就不要承认；听说纪委又把账本抱走了。"那这要如何定性呢？似乎也没有什么与案情相关的内容，也不存在串供、毁灭伪造证据等行为，但那名律师还是因此被抓起来了。

因此我想再次提醒大家，在当前刑事辩护越来越火爆的同时，风险也越来越大，我们应当高度重视，要更加谨慎。前不久发生的江西律师会见被偷听的事件也比较奇特。公安人员偷听律师与当事人的会见谈话，但他说是不经意间在走廊听到的。后来公安机关把这个律师抓了，说律师构成妨害作证罪，最后折腾了一年多，开庭后检察院撤诉了。

在当前情形下，我们要办好刑事辩护业务，就要寻找突破，无非是这样几个方面：精湛的技艺，因为任何一种竞技，都需要靠选手本身技艺水平高超、自身能力出类拔萃。但很多刑辩律师往往都是在"忽悠"，"忽悠"就不可能把案件办好。我看到很多律师在外面讲什么刑事辩护的"十大军规""十大铁令"等，似乎是制胜宝典，但是刑事辩护有制胜宝典吗？没有。基于我自身的办案经验得出的结论是：每一起成功的无罪辩护，都没有绝对相同的模式，这些经历都是不可复制的。一定要结合具体的个案制定不同的辩护策略，也就是我们常说的具体问题具体分析。

每一起案件的案情都不一样，有些要纯粹靠技术，有些要靠对法理的解读，有些要靠对证据进行仔细的分析和研究，有些就靠逻辑的推理与论证，还有一些就要靠社会的关注、舆论的监督。要熟练掌握所有的技能和方法，并在具体的案件中组合使用，才有可能在一个案件中出色地完成你的辩护。

结合上面的论述，我认为第一部分，也就是最重要的，是要构建一个无罪辩护的思维体系。最起码作为一个刑辩律师，接手一个新的案件，你的目标不应该仅仅是尽快开庭、尽快拿到判决、尽快结案。这绝不是一个优秀的刑事辩护律师应当考虑的问题，优秀的刑辩律师拿到一个案件的时候，首先应当考虑的是，这个人有没有可能是无罪？以及我有没有可能将他辩护成无罪？至于这个人是不是真的无罪，或者有罪，也就是说案件的客观真实，我们是没有办法知晓的。我们只能在现有的证据体系中寻找实现当事人利益最大化的法律真实。我们知道，案件已经发生，是不存在绝对的客观真实的，因为我们每个人都不能完全再现过去的事实，哪怕是公检法的办案人员也不知道这个人究竟是不是真的无罪或者有罪。

　　我始终认为，所有案件的核心都是证据问题，每个案件的解决都要看你对证据的把握和解读，而绝不是看当事人的认罪态度，或者在法庭上的表演，更不是靠律师的"忽悠"和几乎千篇一律的胡说八道。

　　建立无罪辩护的思维体系是基本前提。我每接一个案件，就一定会先朝着无罪辩护的思路上走。我们注意到一些从来没有办过刑事案件的专家、学者经常批评辩护律师说，哪有那么多的无罪案件！有的甚至以智者的身份教育批评辩护律师不要轻易作无罪辩护。这其实就是赵括的纸上谈兵，因为他们一方面讲没有那么多的无罪案件，不要轻易作无罪辩护；一方面又到处讲刑事辩护的艺术。作为一个专业的刑事辩护律师，你每接手一个案件，就应该有一个判断：这个案子有多大的辩护空间？如果说你自己拿到案件，都觉得它是一个百分之百没有辩护空间的案件，那你还不如让他认罪认罚，就别去"骗人"了。

　　那如何建立无罪辩护思维？

　　针对实践中大量的案件，可能有些律师会提倡团队作业和分工合作。我认为这种方式不适合刑事辩护，它可能适合去作按揭贷款、签房屋买卖合同这种可复制的重复性劳动。刑事辩护属于工匠作业，是一门手艺活，就是说每一起案件都应当是一件艺术品的创作，需要你花费时间和精力去精心雕琢，因为它有个性特征在里面。可能有人会说，那这样不担心有一些案件会流失吗？案件流失、无人辩护本来就不是我们应当担心的问题，因为我国刑事案件的辩护率本来就非常低，了解的人都应该清楚。还有一些律师，他们大案小案都接，几乎是逢案必接，但每天都淹没在大量简单、重复的案件中却没有时间提升自己，对案件没有追求、不注重质量，我觉得这是没有意义的，也没有情怀。

　　因此，作为专业的刑辩律师，我们拿到一个案件，一定要千方百计往无罪的方向推进，可能越深入研究就越容易找到突破口。而且有一些问题可能是侦查机关、检察机关，甚至法院或者说之前代理的律师都没有注意到的。这些问题可能是事实和证据层面的，也可能是法律适用层面的。

　　比如我之前在一个地方参加研讨会，跟几位专家学者讨论这样一个问题。关于行贿罪，最低的一档量刑是五年以下有期徒刑或拘役。那如果当事人本身的量刑应该在五年以下，又有一个应当减轻的量刑情节。但五年以下已经是最轻的量刑，没有更轻的了，是不是就不量刑了？那这时应该怎么处理？聊到这个问题，这几位教授就发现，好像之前确实没有关注过这个问题。如果实践中遇到这样的情况，应该怎么解决呢？那是不是依法应当免除处罚？因为已经没有量刑档次了，最严重就是定罪免罚。这样的话，如果被告人是一名公务员，就可以保住公职；如果被告人是一名律师，就可以保住他的律师证。

我还代理过这样一起案件，是一起七百多万数额的受贿案。一个工厂为了扩大生产，要增加电容量，就去给电业局长送钱，请电业局办理增加电容量的手续，这乍一听就是典型的受贿。刚开始我对这个案件也没有什么兴趣，觉得没什么意思，后来听着听着，我突然发现一个问题，因为他说要去找工信局办这个手续。我就问他，办理增容手续到底是归电业局管还是归工信局管？我印象中这个手续应该去找电业局办理。他说我们那里原来是归电业局管，但是2013年之后，就规定归工信局管。然后我又问他，那电业局是干什么的？他说现在电业局改成电力公司了，主要是收电费，如果要办理增容，就要去工信局协商办理手续，之后再请电力公司的人过来维修、安装。我就听出来大概了：这个工厂老板是送钱给电业局长，让他帮忙办理增加电容量手续，但是电业局长并没有这个职权，所以电业局长又去找工信局的人协商。

我们都知道，受贿罪是指国家工作人员利用职务之便，为他人谋取利益，这个电业局的局长，虽然是国家工作人员，但是他有利用职务之便吗？他并不具有为请托人办理增容手续的职权。这个电业局长收了工厂老板的钱，但自己没有权限做这个事，他后来又找到工信局长帮忙处理这个事，这个叫斡旋受贿。

关于斡旋受贿，它的犯罪构成要件要求"为他人谋取不正当利益"，那在这个案件中显然不存在不正当利益。因为一个企业，为了扩大生产的需要去办理增加电容的手续，是不构成不正当利益的。并且，电业局长找工信局长办这个手续，是没有送钱给他的，他只是问了办增容手续需要哪些材料，得到的答复是需要两样材料——采矿许可证和环境影响评价表，那他就回去让工厂的人办这两样手续。在办理手续的过程中案发，行贿人被抓，起诉并很快定罪量刑。行贿人也如实交代了他给电业局长送了七百多万的犯罪事实，这个事实认定是没有问题的，但是之前就没有发现这个案件是斡旋受贿，要强调的是"不正当利益"这个构成要件。法官最后定不定是他的事，这是我们无法确定的，但是作为辩护律师来说，我们要提出这样一个观点，并且从事实、证据和法律的层面都予以论证，能够自圆其说，然后尽最大的努力让法官认可我们的说法、采纳我们的辩护意见。

这个案件的法官就被我说动了，休庭的时候特意找到我，问有没有斡旋受贿因谋取的是正当利益而被判无罪的案例。我就找到了之前贵州大学资产处副处长，因为斡旋受贿收了20万元的案子。由于学校要建经济适用房，根据合同约定，盖房子和后面办房地产手续都要由房地产开发公司负责，但是房地产开发公司的人说他们在当地没有熟人，不方便来办这些手续，于是就给这个副处长送了20万块钱，请他去疏通关系，办理相关的手续。于是这些钱就被这个副处长拿来请国土局和规划局的相关领导吃饭消费。这是受贿，但这是什么类型的受贿呢？他作为一个大学的副处长，肯定是没有职权去办理相关的房地产手续的，但行贿人通过他的关系来谋取了一些利益，那就是斡旋受贿。斡旋受贿要求"谋取不正当利益"这个要件，那办理房地产的手续是不正当利益吗？学校建经济适用房以及后续的相关手续是必须依法办理的，这当然是正当利益，所以这起案件中的20多万款项都没有被认定为受贿的数额。但至于上面我说的工厂增加电容的那个案件，因为数额比较大，有七百多万元，法院就很难作出抉择，但法官依然跟我要类案判决书，至少说明他意识到这是一个问题。

其实我是想说，很多案件，只要仔细、深入研究，都可能找到突破口。而找到突破口的另一个关键，我认为就是阅好卷，我把刑事案件的阅卷称为"解剖式"阅卷。

关于阅卷，我有自己的习惯和方式，就是不管是法院的卷，还是检察院的卷，都要把它们收集完整。不仅仅是装订成册的公诉卷或者审判卷，还包括所有能够找到的散落的一些材料也都要收集完整，并且每一本卷的每一页都不能遗漏。我注意到很多律师，对于那些程序性文书，比如逮捕通知书、拘留通知书或者送看守所的收押证明等，认为对案件没有实质影响就不在意，甚至根本不复印。

难道这些真的都不重要吗？这些也很重要，尤其是在一些重大刑事案件中。

我代理的一起青岛的涉黑案件，原一审判的是死刑，2010年的案子拖了好几年，二审法院也不敢轻易判死刑，为什么？因为我的当事人说，他在 6 月 23 日到 8 月 23 日，整整两个月的时间内，都没有被关押在看守所，而是被单独关在一个房间里，这属于非法羁押，而且这期间他遭受了严重的刑讯逼供。

基于当事人反映的这个情况，我们就仔细查阅案卷，一页页地查找，在案卷中真的没有找到 6 月 23 日送看守所羁押的相关记录，但案卷呈现出来的讯问笔录都是在某某看守所做的。于是我们就向法院申请调查取证，检察院千辛万苦调来的证据是一个 8 月 17 日犯罪嫌疑人被送去看守所的记录。那这恰恰证明了 6 月 23 日到 8 月 17 日，也就是在有记录之前将近两个月的时间，我的当事人都没有被关押在看守所，证实我的当事人说的绝大部分事实是真实的。

这个案子拖了这么久，是有一定背景的。因为这是 2010 年发生的案件，2012 年《刑事诉讼法》修改后，规定了可能判处无期徒刑、死刑的案件在侦查讯问的时候应当全程录音录像，但是这起案件在当年办案期间没有录音录像，所以就没有办法证明相关口供的合法性。虽然说这起案件是 2010 年发生的，当时并没有要全程录音录像的法律规定，但是之前办理涉黑案件的司法解释也规定了，对于涉黑案件，讯问的时候要录音录像。那么我这个案件的当事人作为首要分子，对他的讯问却没有录音录像，因此就无法排除刑讯逼供的发生。

这起案件虽然拖了六年，但基于案件的这个情况，尤其是无法排除存在非法证据的情况，此案后来二审改判，当事人保命成功。

我一直觉得在律师行业，真正做得风生水起的是那些做资产、证券等非诉业务的律师，他们看起来就是社会精英的样子。我之前遇到一个据说年收入超 4000 万元的做非诉业务的律师，他遇到刑事法律问题，要来找我咨询，这说明专业律师遇到了法律问题，也会寻求专业律师的帮助，那么普通人就更需要寻求专业律师的帮助了。

但是现实中有个问题就是有些律师纯粹就是"勾兑"，"勾兑"是很害人的，上来就跟你说我们跟哪些领导有怎么怎么样的关系，肯定能保你一条命的。这种律师是不配做刑辩律师的，虽然这类人还常常标榜自己是一名刑辩律师。

我们再说回到阅卷。我的习惯，阅卷就是像看小说一样仔细，从第一页，一直到最后一页，每一个角落，每一个小细节都不能放过。我阅卷的时候一定要做笔记，从第一本卷开始，遇到任何一个问题都要记下来，不管是什么样的问题，哪怕是一个小小的错别字，因为往往是这些细节能够使你发现问题。比如说讯问时间，或者讯问人员，有没有可能有冲突或者存在疲劳审讯的情况？阅卷的时候可能还会发现，某个证人的证言前后反复或者自相矛盾，或者说某个书证是有疑点的。把所有的这些细节问题都记录下来，这是我第一遍阅卷要做的工作。当你从头到尾把每一本卷全部认真看完之后，可能这其中很多问题就找到答案，就不再是问题了，但一定还会留有一些无法解释的问题，那我们回过头来开始第二遍阅卷，带着第一遍总结出来的问题再逐个去找答案。如果找不到答案，这很有可能就是这个案件的突破口。

说到阅卷，这又要说到我之前一直强调的刑事辩护一定要有无罪辩护的思维。因为所有的刑事案件，拿到了案卷和相关的证据材料之后，我们**不能按照它原有的证据体系看**。我们要做的应该是**推翻现有的证据体系**，因为这些证据和案卷材料经过了侦查、经过了审查起诉，甚至可能经过了法院的一审或二审，这时候的证据体系都是要证明甚至曾经已证实当事人是有罪的。我们的出发点是从无罪辩护的角度来看待，要带着疑点来看案件，我们要思考，如果要证明这个当事人是无罪的，需要哪些证据，我们就要收集这方面的证据。针对检察院的指控，或者说针对法院之前作出的有罪判决，我们不能仅仅以一句"事实不清，证据不足"就草率地提出辩护意见。我们必须要详细地论证：事实不清是如何不清，证据不足是哪里不足。有时候甚至需要多轮、多角度论证。

举一个很简单的例子。如果说一个校园内发生了一起故意杀人案件，案发时间为8:08，犯罪嫌疑人说他是8:15才到学校的。但是有证人说他好像是8:05到的，反正应该是8:10之前就来了的。这个时候我们要怎么论证他是8:15才到达犯罪现场，以至于没有充分的作案时间完成这个杀人行为呢？

我们要从细节入手，倒推他的时间线以及全部的行为。我们可以首先问他今天早上是怎么到的学校，是坐车来的还是走路来的？如果是坐车，可能有公交车上的监控；如果是坐出租车，可以去调查有没有发票记录的时间。后来了解到他是走路过来的，那可能就没有上述相关的证据。我们接着往下了解，问他一路走过来都经过哪些地方、做了什么。他说他到学校之前在门口的一家肯德基吃了早点，那肯德基肯定有监控，我们就去调监控录像，录像显示他 8:07 的时候才来这里买了早点，那个时候还在点餐。8:07 买早点的话，他怎么也要花个三五分钟才能拿到他的早点并且吃完。那从这家肯德基到校园内犯罪现场的路程有多远？根据正常行人的走路速度，我们推断一下他从肯德基走到杀人现场需要多长时间，大致可以知道他是几点几分到达，有没有时间完成杀人行为，我们也可以做一个侦查实验。这样的细节推算就基本还原了真相。

因此，对每一起案件的每一个细节，我们都应当进行抽丝剥茧般的研究，然后仔细论证，寻找一切可能的突破口。

找到案件的突破口后，另一个关键的刑事辩护技术还在于**对法律的解读**。关于对法律的解读，我觉得当前很多刑辩律师，尽管他们专攻刑事辩护领域，但他们对相关的《刑法》或者《刑事诉讼法》的条文的理解，可能还都停留在一知半解的层面。我的习惯是，每遇到一个案件，都要将相关罪名的理论重新学习一遍。

刚拿到律师证的时候，我在广州碰到一家大型国有企业招聘企业内部的纪检监察人员，我就想我有律师证，还有纪委工作经验，那这个职位再适合不过了。我就去面试，穿得西装笔挺。面试的时候，他们公司的法务过来问我：我国现行《刑法》有多少条？他一下就把我给问蒙了，我受了刺激，从此以后对法条就特别敏感。这其中可能有一些刁难的成分在，但是我们做律师的，熟练掌握法条是基本功，同时也要关注新旧法的变化，毕竟我们所处的专业领域就是在不断变化的。

再说回那个青岛的涉黑案件，公诉机关指控我的当事人还涉嫌非法拘禁罪，说他和他的手下把一个人关在宾馆里，限制了他人的人身自由，构成非法拘禁。但是作为辩护人，我认为这不应当认定为非法拘禁，那么法官就问我应当认定为什么。我说这个不叫非法拘禁，这个是"依法协助公安机关调查"。法官又问你这样说有什么依据？我说刑事诉讼法有规定，司法机关工作人员在必要时可以吸收群众协助调查。尤其是一个身系重大命案的犯罪嫌疑人，我的当事人有义务、有责任协助公安机关办理案件。公诉人就开始找法条，他只看到《刑事诉讼法》第 6 条有关群众的规定，是"刑事诉讼必须依靠群众"。那么我告诉他，在《刑事诉讼法》第 50 条关于证据的收集的内容中也有规定。

2012 年《刑事诉讼法》第 50 条规定：审判人员、检察人员、侦查人员……必须保证一切与案件有关或者了解案情的公民，有客观地充分地提供证据的条件，除特殊情况外，**可以吸收他们协助调查。**

我说根据这条的规定，公安局长让我的当事人去协助查找这个人，由于这个人在外地，公安机关的办案人员暂时无法赶到，我的当事人就将他暂扣在宾馆，因此这并不是非法拘禁，而是依法"协助公安机关调查"。我说这一条的规定是强调公民都有作证的义务，司法机关工作人员要保证他们能提供证据，并且可以吸收他们协助调查，体现了党的群众路线，是完全没有任何问题的。你看，对这些平常几乎不会被人注意的，也几乎不会用的法条，有时还是很有用的。我们对法律要有相当熟悉的掌握，才能够在法庭上应对自如。

我想起之前的一个案件，当事人的家属找过我两三次，但我没有接。这是一个受贿案，数额比较小，只有十多万块钱。这起案件虽然不是特别重大，但是很有意思。在开庭的时候进行了庭审直播，很凑巧的是在宣判的时候，院长突然递给审判长一本书。有媒体捕捉到这么一个细节，并进行了报道，认为这个法院院长在暗中操控审判，控诉司法不公。后来当事人上诉又来找我，想请我为他做二审辩护，但我也还是没有时间安排办理。

我们来看院长递书这个行为，被媒体报道成严重干扰司法的行为，表面上看确实是这样。虽然是法院的院长，但他并非合议庭组成成员，无权干涉法庭审理进程、干涉审判长的审判。

第二天法院在官网发布了公告，解释说院长是递给审判长一本法律解释书籍，是为了制止即将发生的违法行为。司法解释规定，申请通知新的证人到庭，法庭同意的，应当宣布延期审理。但审判长马上就要违反司法解释的相关规定，因为被告方申请的新的证人就在庭外等候，审判长马上决定通知新的证人到庭。但这是违反法律规定的。所以院长及时给审判长一个提醒，让他依据司法解释宣布延期审理。

这个解释能否说得通？其实严格意义上也说不通，我们应当从这条司法解释的立法原意去解读。

《刑事诉讼法》规定，法庭审理过程中，当事人和辩护人、诉讼代理人有权申请通知新的证人到庭，调取新的物证，申请重新鉴定或勘验。因此控辩双方质证完毕、法庭调查环节结束之前还有这样一个环节，法官应当询问当事人和辩护人以及诉讼代理人是否申请通知新的证人到庭，调取新的物证，申请重新鉴定或勘验。司法解释规定，如果申请通知新的证人到庭，法庭认为有必要的，应当同意并宣布延期审理。

这样规定的原因，首先是让法官查明案件事实，需要一定时间来核实证人的身份、说明拟证明的事实有必要通知证人到庭。还有一个原因是根据国际通行的公正审判原则，包括参与原则和及时原则，要求诉讼参加人在诉讼过程中有充分机会提出本方证据、发表观点；法庭审理活动既不能过于急速进行使程序参与者无法充分和有效地参与，也不能过于缓慢进行使审理长时间处于不确定的状态。

基于这两点原因，司法解释作出这样的规定。但本案的情况是辩护人提出申请新的证人到庭时，这名证人就已经在庭外等候，无需时间另行通知，那么基于及时审判和不间断审理原则就无须休庭延期审理，可以接着往下进行。否则法院此时休庭，难道是要给这名新的证人施加其他压力吗？这反而会产生其他的负面影响。

后来我又关注了这个案件之前的庭审直播，发现庭审过程中，庭下坐着的旁听人员像有组织一样地鼓掌，尤其是发现院长给审判长递书后又开始闹了起来。我认为较为明智的做法是像我刚刚说的那样，依照法律和司法解释的相关规定，向审判长说明法条规定的原因以及本案的情况，建议不用延期审理。

这时候可能存在另一个问题：公诉人可能提出异议，他可以在证人出庭作证后申请延期，以准备质证。

就像之前南昌大学原校长周文斌案，公诉人开庭时出示一份新的证据，但并未事先提出申请而是直接播放了一段录像，我提出异议。《刑事诉讼法》规定，如果要出示开庭前未向法庭移交的新证据，应先提出申请，经过法庭许可，要向审判长说明出示的是什么证据、要证明什么内容，审判长许可后才能出示。现在公诉人未经许可直接播放，已经造成不良影响，我建议休庭，给辩护律师准备质证的时间。但审判长并未同意，只让我服从法庭指挥。我认为，我们要服从的是依法的指挥，而不是这种不合法、不合规的指挥。最后的结果是，我被"逐出"法庭冷静十分钟。很快，法庭发现我的要求是有明确法律依据的，后来我又被请回法庭继续辩护。

讲这样几个案例，主要还是强调刑辩律师的技术问题，就是对法条的掌握的基本功一定要扎实，这不仅包括法律规定，还包括各种各样的司法解释及法理。

实践中，还有一个"判决书是否应当给家属"的问题值得讨论一下。最高院出过一个批复，大致内容是说家属要就给。还是上面讲到的那个案件，家属想要判决书，法院不给，我给他出个招，让他拿着这个批复去找法官要判决书，但是法官还是没给。当事人家属就给我打电话，让我跟法官说，最后经过沟通，家属还是要到了判决书。

这是讲的法律规定中的细节，除此之外，证据中的细节也有很多。

在证据方面，首先我们要知道公诉逻辑是怎样构建的。公诉机关根据侦查机关收集到的案件证据形成证据链条，证明犯罪嫌疑人涉嫌构成犯罪、应当提起公诉追究刑事责任。但证据链条有长有短，有的证据链可能要七八十个证据环环相扣才形成完整的链条，那这样的链条可能并不牢靠，有些环可能是很勉强才扣上的。因此我们说，所有的证据链条无论多严密，都一定有薄弱环节，而且往往越看似严密，越容易有疏漏。

就拿职务犯罪来说，证据最简单，但也最难突破。因为只需要证明受贿人是否收钱就行了。收了。哪一天收的？以什么形式？某年某一天，反正记不太清，一般收的都是现金。再问行贿人是否送钱？送了。什么时候送的？什么形式？大概是几月份？不记得了。这种行贿、受贿的一对一口供最容易模糊、不确切，那么侦查机关就需要获取更多细节。他们采取的方法往往是先从一方获取较为详细的口供后找另一方"填充"，使其口供与之对应。这样就会出现问题，因为这些看似相互印证的口供可能并非真实情况，有极大可能被找到漏洞。

当然，现在职务犯罪案件的办理出现了新的特点：不说确切的时间，只说有没有相关的事实，只要双方都承认有行贿、受贿的事实发生，确定了具体数额就可以认定。这让我们无法接受，因为我国现行《刑法》中，贪污罪、受贿罪的最高量刑和故意杀人罪的量刑一致，最高都是十年以上有期徒刑、无期徒刑或死刑，那为何对证据标准要求不一致？对待故意杀人案件要将时间地点、作案工具、作案方式等案件相关细节都做到尽可能地精确，彻底排除一些合理怀疑，对待同等量刑幅度的贪污、受贿犯罪就认定得如此草率？

再说受贿犯罪，除了要确定受贿的数额，还需要证明钱款去向，证明受贿人是用于消费还是转账或取出，如果不调查钱款的去向就可能产生漏洞。而职务犯罪侦查需要把案子做细，细节越多往往漏洞越多，一旦我们找到侦查机关的漏洞并将其重点暴露出来，不仅可以推翻其收集的对我方当事人不利的证据，还有机会证明侦查机关在证据环节可能存在的违法、违规之处。

所以刑辩律师一定要调查取证。有些律师会说律师调查取证有风险，我想说**律师调查取证没有风险，有风险的是因为没有证据而导致交战时手中无牌可用**。

讲到证据的细节问题，我们要注意分辨，有些模糊不清也并不关键的证据就不要过多纠缠了，**把精力放在必须要切断的关键事实认定的证据链条上**，而且是有充分扎实的理由能够切断的。

福建南平有一起职务犯罪案件，认定的职务侵占罪。公诉人指控一家公司的福建省公司给南平市公司汇了一笔款，然后这个公司的经理和处长两个人就把这笔钱给分了，一审认定职务侵占罪成立，并且这两个人也都认罪了。二审上诉，我们了解到，这笔汇款是由福建省公司汇到邮政储蓄所的福州总部，然后再由邮政储蓄所划到南平市公司的一笔邮政汇款，于是我们就去这个邮政储蓄所调查取证，希望能找到当年留存的汇款记录单。

这个案件有特殊的时代背景，那个时候的邮政储蓄还没有纳入中国人民银行的监管系统，就是还没有进入银行的管理系统，还是邮政所办理储蓄，因此他们的相关凭证记录都只保存两年。

我们去调查取证的时候，工作人员说汇款记录早就没有了。那既然汇款记录都没有了，不就无法证明这笔款是否真的从省公司汇到福州总部再汇到分公司？也就是说有没有这一笔汇款都是个问题，因为已经没有证据能够证明了。我们就让这个工作人员出具了一份证明，根据邮政储蓄单位内部管理规定，所有的相关账户交易记录档案都只保存两年，无法找到当年从省公司汇往福州总部再到市公司的这笔汇款记录。

于是这起职务侵占案件，在二审阶段的焦点就不再是被告人作为单位的工作人员有没有利用职务之便私分公款的事了，而是省公司有没有将这笔的款项汇到分公司的事。所以二审就发回重审，后来这个罪名就没有认定了。

我在这里就是想强调，刑事辩护除了要懂法律、要讲证据，还必须学会构建自身的逻辑证明体系。因此在日常工作和生活中，要加强逻辑思维能力训练，仔细分析案件中的每一个问题。比如对相关概念的界定是否存在争议？对有关事实的判断是否有误？对事实层面到法律层面的逻辑推演是否正确？这都值得我们认真研究，反复推敲。

这里又说到周文斌受贿案，当时公诉人指控周文斌的受贿款是承包食堂的老板那里来的。大家知道，同学们在食堂吃饭基本都是刷卡的，很少有现金交易。那这么大笔数额的贿赂款怎么可能来自食堂收取的现金？难道同学们吃饭每顿都是拿 100 元面额的人民币吗？这显然不符合常理，逻辑上不能成立。

但是开庭的时候公诉人说，他就是南昌大学毕业的学生，当年在学校的时候就有一个食堂是收现金的。有这种可能，因为南昌大学有许多个食堂，其中可能有个别食堂是既可以刷学生卡，又可以给现金的。

但是这里又有一个问题，因为公诉人指控的是周文斌是在南昌大学的二级学院收钱，并非这位公诉人当年上大学所在的校区，她所说的有学生在食堂吃饭给现金是与本案没有关联的另一个校区的情况，根本就不是一回事。因此她所说的内容无论真假都无法证明与案件相关的事实，是没有意义的。

刑事辩护中，除了逻辑关系的建立，我们还要强调许多领域的专业知识背景。因为刑辩律师会接触到各行各业，比如说建筑业、医学等，尤其是涉及众多罪名的经济犯罪，与金融、证券、票据等专业息息相关。

接手这一类的案件，如果没有一定的专业知识储备，办起案件来，不要说去找证据，进行事实分析、法律论证，甚至连基本的专业术语都会搞不明白。比如，在讯问笔录中，侦查人员问行贿人的行贿款是从何而来的，行贿人说，那是我的公司备用金。但很可能侦查人员和公诉人根本就不知道什么叫公司备用金，也不知道这个公司的备用金如何建立，有什么样的标准，应当存放多少钱，以及其他相关的管理规定。他们可能只知道有这样一个概念，甚至有的干脆就自己理解为公司不入账的小金库。只要形式上能够证明行贿款有具体来源就行，所以根本就没有进行任何详细的调查。

于是在庭审的时候，我们就可以抓住这个漏洞，在充分了解这个专业概念之后详细解释给审判长和公诉人听，并对公诉人进行多方面的反复追问，那他可能被你问得哑口无言，不知从何作答。这就反映出这个案件的这一部分证据链条是有问题的，就给这起案件的认定留下一个硬伤。

在周文斌那起案件中，公诉机关提交的案卷材料中有一张香港的会计凭证，而且是英文的。上面有一个词是 ACCOUNT，我们都知道它的中文意思是"账户"，但是在经济学语境下，它是"账目"的意思。这个会计凭证，上面写的是 TRANSPORT VOUCHER，是"转账凭证"的意思，这里记载的内容就绝不可能是现金"支取"。如果说这份证据是证明该账号主体将相关款项取现或消费等，就肯定是不对的。所以这一笔 100 万元的受贿指控就可能是假的。

此处说的是涉及会计专业领域的时候，其实很多领域都需要一定的专业知识储备。接下来我再从刑事证据的角度来分析这张票据。

这张票据的侧边有一个条码，通过这个条码可以读取票据的相关信息。我们发现这张票据是 2010 年后作出的，却被公诉机关用来指控周文斌 2003 年的一起犯罪事实，那这里就有很大的问题。公诉人将这张票据作为指控周文斌犯罪的证据，时间却相隔如此久远，那么即使这张票据能够证明有犯罪事实的发生，也绝非起诉书里指控周文斌实施的犯罪行为，这是第一点。

第二点，也就是更严重的是，公诉机关涉嫌制造伪证的问题，不然如何能够解释一张 2010 年后作出的票据会出现在一起 2003 年的犯罪案件中，并充当证据使用？

事实上，仅凭这一张票据就可解读出很多重要的信息，可以发现借贷科目记载的问题：记录港币的数字却用人民币；港币数额与人民币的汇率计算结果不符；科目内容有误；科目中英文内容与实际记载内容不符；等等。当我们穷尽了一切可能去追查一个证据的真伪后，就能解读出案件背后的真相。

"无罪辩护的思维与空间"这个主题，核心点就在于刑事案件一定是有突破口的，无论是从法律解读的层面、证据分析的层面、事实与法律逻辑推演的层面，还是从社会舆论的技术分析层面，总能找到我们想要的突破口。

我一直认为，刑事辩护是值得开设一整个学年的课程来讲授、学习的，但我们过往的学习经历中都没有这样一门专门针对刑事辩护的系统的课程，非常遗憾。

制胜的核心：证据

——以张氏叔侄案为例

刑事诉讼与民事诉讼、行政诉讼的证据规则不一样，体现在证明标准上就是：刑事诉讼的证明标准要求"排除合理怀疑"，民事诉讼的证明标准是"优势证据原则"，行政诉讼的证明突出的是"举证责任倒置"。

我认为在我国三大诉讼制度中，国家比较重视的是行政诉讼。首先，它的被告是国家机关；其次，它采用"举证责任倒置原则"。所以我国三大诉讼制度中，制定了《民事诉讼证据规则》之后，紧接着《行政诉讼证据规则》出台，但直到今天都没有出台"刑事诉讼证据规则"。刑事诉讼关乎人的自由与生命，是最需要证据规则的。而行政诉讼中，被告本身是政府，审判者是法院，法院在我国司法实践中被广大老百姓朴素地认为也是"政府机关"，是公权力的代表，因此公权力审理公权力的案件，按照法律规定的来就可以了。但是最高院也出台了一部《行政诉讼证据规则》，以显示行政诉讼中证据的重要性。

诉讼法中有个经典的说法，"法庭上只有证据，没有事实"。我们一直秉持任何案件的审判都要"以事实为依据，以法律为准绳"。那么什么是事实？事实是需要由在案证据来证明的客观存在。什么是证据？在三大诉讼制度中，都规定有法定的证据种类，证据能决定案件的走向，决定当事人的利益能不能得到保障，在具体审理过程中如何把握证据运用是决定诉讼输赢的法宝。因此我们说，"用好证据，才能打遍天下"。我们应当知道，很多事情并没有所谓的"真相"，最后判决结果认定的事实是什么样的，关键要看证据体系是什么样的，还有对证据把握到什么程度。

　　我常年不去办公室，有天去正好碰见一个人来找我，也没有预约，来了说一个案件。聊着聊着我就听出了问题，是证据问题。他说当事人很冤，一审被判了十年，现在希望二审由我为他辩护。我只说他这个案子没戏，他问是律师费的问题吗？我说不是钱的问题，因为从证据上看，二审维持原判的可能性是百分之百，我也建议他不要再找其他人来做二审的辩护，否则很可能上当受骗。

　　具体是什么案情呢？是这个当事人跟他女友之间的事，女友告他强奸。首先，女友去公安局告他强奸；其次，女友提供了很多录像片段，录像中女方一直在喊叫"我不愿意""我要喊人救命"之类的，但不能听到男方说了什么。男方在法庭陈述的情节与录像中的部分情节是吻合的，但只吻合录像里有的那一部分，因此男方在看到录像之前的供述与录像片段相吻合，相当于形成了证据链条，"证实"男方"强奸"女方的事实。这是一起比较简单的强奸案件。

　　再看这个案件的证据问题，女方明显是有意而为之，提前准备好要录像并进行了喊叫。在这起案件中，由于女方告发男方，且出示了相关证据，有被害人陈述、录像、犯罪嫌疑人供述等，法院认定为强奸是没有问题的，但检察院认为有些勉强。因为双方本身为男女朋友关系，女方所说的情形加女方的证据体系可以成立强奸，但男方说的情形加男方的证据体系也可能不构成强奸，因此提起公诉时提出了三年至四年有期徒刑的量刑建议。后女方不同意此量刑建议，开始装疯。说昨天在哪里看见一个鬼，今天又在哪里看见一个鬼，并申请精神病鉴定。但这个精神病鉴定主观性很强，"看见鬼"最终被认定为癔症。原因是女方咨询过律师，致使被害人重伤、死亡或者造成其他严重后果的属于"情节严重"，要处十年以上有期徒刑、无期徒刑或者死刑。

　　之后女方又开始"自杀"，喝安眠药，警方将其送往医院，立刻洗胃，这样又有"自杀"的证据了。宣判之前，女方代理律师提出有加重处罚情节，审委会参考男女双方当事人是情侣关系，且男方认罪态度良好的事实，最终决定判处十年有期徒刑。

　　但因为后面女方提供的关于"情节严重"的证据对他不利，且存在疑问，因此他要上诉。我认为这起案件的确有两个加重处罚情节：导致精神病和自杀，二审改判比较难，不可能做无罪辩护，强奸罪是构成的，但判处十年有期徒刑是有问题的。

那要怎么寻找突破口？从证据入手，首先要解决"精神病"这个加重情节的问题。癔症究竟是不是精神病？

我之前就代理过一起关于"癔症"的案件，当事人是摆地摊的小商贩，因妨碍市政管理被城管打了一顿，后小商贩纠集了一帮人又把城管打了一顿，这个小商贩就因涉嫌妨害公务罪被抓起来了，要追究刑事责任。我作为这名商贩的辩护人介入诉讼，我提出城管打人并非奇闻逸事，但城管打人打成"精神病"倒很少见，我的当事人被你们城管打出癔症，这可是"全国第一例"。最终，经过谈判，本来应被追究刑事责任的我方当事人没被追诉。甚至我还帮他争取到 36 万元的赔偿款。

那么，关于癔症到底属不属于精神病，是有这样一个标准的，国际标准最新版本是 ICD-11，国内行业标准是 CCMD-3，其中关于精神疾病的鉴定标准，将精神病分为三个档次：一种是人格障碍，属于性格上的缺陷；第二种叫精神障碍；第三种才算得上是精神疾病，但并不是我们说的"神经病"。按照这个标准，癔症并非精神疾病，癔症是可以治好的。因此我建议前面提到的那个当事人从这个角度出发，二审时申请重新鉴定，并申请有专门知识的人出庭，证实对方并非患有精神疾病。

其次，关于女方的"自杀"情节，证据有医院的诊断治疗记录，因服用大量安眠药被警察送往医院，后经治疗出院。这其中有个问题，安眠药属于受管制的精神类药品，她从何处购得呢？这是有记录的。虽然实践中有些药店会出售，但绝不会整瓶售卖，因此不可能收集到诸如"某年某月某日某时在何处购得多少剂量的安眠药"的证据。这样女方是否真的服用了安眠药以及是否因服用安眠药而被送往医院治疗就值得怀疑了。那么，是否存在"假自杀"的可能？在这个案件中，我们首先考虑女方是否真的服用了安眠药。再往前推测，她究竟是不是真的有安眠药？

再次，她到医院洗胃，医院关于洗胃的治疗规程是什么？其实，我们了解到，只要来就诊的病人自称或送医者称病人服用了安眠药或者其他有毒性物质、药品，医院的第一步治疗方案就是洗胃。因为此时基于治疗的紧迫性是来不及抽血化验的。但是洗胃之后对该病人的胃内容物成分物质进行检测化验了吗？后续又进行血液检验了吗？并没有。因此，我们有理由认为该女是"假自杀"，这是基于我刚刚谈及的几点证据提出的合理怀疑。

从另一个角度讲，就算是"真自杀"，是否真的符合因"强奸行为"造成的？此女在声称被强奸后理性地到公安机关报案、到医疗机构做鉴定、向检察院出示相关证据并参与之后的案件复盘，均未想过要自杀，为何在检察院提出"三至四年有期徒刑"的量刑建议后实施了自杀行为？如果说引起此女自杀的原因是检察院的量刑建议过低，而非犯罪嫌疑人对此女造成人身侵害的"强奸行为"，那自杀的加重情节是不是就不成立了？

因此，在实践中，任何一类案件的审理，三大诉讼都要依靠证据。2003 年浙江高院改判无罪的张辉、张高平强奸杀人案，本质就是案件的证据问题。

他们叔侄二人是安徽歙县的货车司机，案发那一年还刚好在非典期间，之前每次路过检查站，一般就是拿支体温表过来测体温，被抓那天有人拦车检查，打开车门之后黑漆漆的枪口管突然就抵在他的额头上，说："我们是杭州市公安局的。"张高平一下就蒙掉了：杭州市公安局跟我有什么关系呢？我只是个普通的大卡车司机，平时拉拉货，但是他与张辉二人当天就被带去了杭州，在刑警大队办公室关了七天，他们二人就变成了"杀人犯"，而且他们也都有了认罪供述。

这是怎么回事呢？上次他们去杭州送货，路上带了一个叫小丽（化名）的女孩，把她带到目的地放下车后，结果第二天这名女子的尸体却出现在马路旁边的水沟里。公安进行现场勘查后，初步查明这名女孩来自安徽歙县，发现是张高平、张辉叔侄二人开卡车带这名女孩来的，于是警方就将这二人锁定为犯罪嫌疑人。但此时，张高平、张辉二人完全不知道发生了什么，也不知道那个他们带来的叫小丽的女孩死了，甚至他们都不知道那个女孩叫小丽，被抓后，一开始他们没有任何可以交代的事实。于是，杭州市公安局采取了一系列刑讯逼供的方式，最常见的是疲劳审讯，七天七夜不许睡觉；之后还有烫烟头、鼻子插香烟等非人的折磨手段，最终张高平、张辉二人经受不住，问侦查人员究竟想要他们交代什么，侦查人员让他们交代自己如何杀人抛尸的，于是终于获得了所谓的"有罪供述"。

但是，仅仅有这样的有罪供述显然是不够的，于是他们再次进行现场勘查，但并未在案发现场找到能够证实犯罪嫌疑人身份的痕迹、物品，如脚印、毛发、指纹或者遗漏的衣服、随身物品等。于是他们就对尸体进行解剖，尸检时发现死者身上衣服被扒光，但并未有强奸之后遗留的作案人的精液等。后来发现死者的十个指甲掉了两个，还有八个，于是提取剩余八个指甲中的微量物证进行鉴定，最终检验出一名陌生男子的 DNA，于是就将这个 DNA 成分与张高平、张辉二人的 DNA 做比对，但并非他们二人的，也并非小丽离开安徽歙县前认识的任何男子的，这给案件留下了疑点。但杭州市公安局依然认为是张高平、张辉二人作案，可是仅有二人的有罪供述而无其他证据予以佐证，且二人关于犯罪经过的交代也不能相互印证，于是将二人分别关押。

此时，张辉的监室里出现了一个神秘人物，袁连芳。他跟张辉关押在同一个监室，就是这个人拿到了张辉关于他如何实施强奸杀人的自书陈述，并且袁连芳还作为有力证人，证明了同监室的张辉是如何详细讲述他强奸杀人的经过的。

袁连芳之前是杭州市一个企业的下岗职工，后来因为与女友在市场里贩卖淫秽物品被抓了起来。在劳改期间，他被吸收为公安的耳目，作为看守所的内部眼线，特意被公安安排进来与张辉关在一起，并对其威逼利诱，千方百计让张辉认罪。在这个过程中，袁连芳还进行了一系列利害关系的分析，比如让他不要连累家人，等等。后来，袁连芳甚至还一字一句教张辉如何认罪，如何书写书面供述。就这样，杭州市公安局就拿到了张辉的有罪供述和袁连芳的证人证言。

另一方面，张高平被送到浙江省看守所，一段时间内都无人过问。过了一段时间，终于来了一个人，慈眉善目，就像弥勒佛，说是省公安厅的一位干部，他说："张高平，马上到 6·26 禁毒日了，我们公安系统要严厉打击、从重从快处理一批罪行较为严重的犯罪分子，你就属于这类犯罪分子，可以直接枪毙的！"之后又对他说："你的日子也不多了，你是南方人吧？允许你出去对着南方叩别，毕竟家里还有老母亲。"之后来了几名法警，要抽他的血，说是执行死刑之前的"验明正身"。又接着恐吓他，说你作为强奸杀人犯，你的家人都是共犯，也要被抓起来的！随后哄骗张高平写下有罪供述的自书材料，说这样就可以不追究他家人的责任了。于是，他们获得了张高平的书面有罪供述。

但我们仔细分析这起案件的证据，除了通过非法方法获得的张辉、张高平的有罪供述外，还有什么证据呢？袁连芳的证人证言？但这份证人证言并非证明他在案发时的所见所闻，而是他与张辉关押在一起时听张辉对作案经过的叙述，这本质上不还是犯罪嫌疑人的供述吗？而且还是听说来的。还有现场勘查笔录，但并未提取到任何能够证实犯罪嫌疑人身份的物证；还有一份 DNA 鉴定报告，荒诞的是这份 DNA 鉴定报告明明排除了张辉、张高平二人的作案嫌疑。但浙江两级法院就是依据这些拼凑起来的证据判了，杭州中院一审判处张辉死刑立即执行，张高平无期徒刑。

一审开庭张氏叔侄并未认罪，而且他的辩护律师作的也是无罪辩护。张高平一审辩护律师是他们安徽歙县的一名新手律师，之前在检察院阅卷的时候正好见过这份 DNA 鉴定报告，就对检察官说要复印，但检察官不让他复印。根据当时的《刑事诉讼法》相关规定，律师是可以查阅、复制技术性鉴定材料的，于是律师只好迅速记下鉴定报告的文号，在一审法庭上提出异议，说明明已经排除了张辉、张高平的作案嫌疑，但一审判决书认定这份 DNA 鉴定报告与本案无关。

张高发（张辉的父亲、张高平的哥哥）得知一审宣判结果，悲痛欲绝，决定上诉。

于是他们找到浙江大学法学院的一位刑法学教授、博士生导师。这位教授看了案件之后觉得有问题，说袁连芳的证人证言证实了案件事实，但这个证人根本未在法庭上出现，甚至张辉本人都很奇怪，说袁连芳是谁？没有听说过这个名字，后来才知道是跟他关在同个监室的人。

经过这位教授在二审期间的不懈努力，二审改判了，但依然认定二人有罪，只是判张辉死缓，张高平 15 年有期徒刑，好在保住了张辉的命，后来二人在浙江服刑。

但一年之后，就是 2005 年的时候，杭州发生了这样一起案件。一个名为吴晶晶的浙江大学城市学院的女生，夜晚打车出门后，第二天早上被人发现遭人扼杀后抛尸，也是衣服被人扒光，与一年前的小丽被害案极其类似。这起案件是一个名叫勾海峰的人作的案，他是一个出租车司机。公安人员经过侦查，锁定了勾海峰，后他陈述作案原因是在搭载吴晶晶的路途中因与其发生争执，一怒之下将这名女学生掐死。短短四个月后，勾海峰就被判处了死刑立即执行。

将视线拉回至 2005 年 1 月勾海峰被抓之后、被枪毙之前的四个月，这期间杭州市公安局为彰显人文关怀，在春节期间给关押的人送饺子，并报道了勾海峰的案件，恰好被在杭州服刑的张高平看见，他本能地认为自己的案件一定也是这个勾海峰干的。于是就开始向管教人员报告，极力喊冤，但无人搭理他。不久勾海峰就被执行了死刑，张辉、张高平也被转移到四千里外的新疆服刑，且二人还被分别关押，相距甚远。

转眼到了 2008 年，那时我正在河南鹤壁办理马廷新案，他涉嫌杀害一家三口，这起案件被称为"灭门血案"，我在《无罪辩护》那本书里有详细写过。彼时我还不知道我与张氏叔侄二人会有怎样的关联。

这边又说到张高平持续不断地向监所喊冤，他有幸遇到了新疆石河子一名基层检察官——张飚。张高平一进检察官办公室就大喊：检察官，我冤！

很多人喊冤，但大多是一喊而过，随风飘去，但张高平喊冤就让张飚觉得可能真的有冤情，于是就让他讲。张高平不仅要喊冤，而且还很会讲。他说，我是几点几分进的杭州收费站，监控有显示；几点几分出的杭州，也有监控，几点几分到的上海，也有监控；我的车载多重，载重量是多少，这可能就涉及我的车在相应时间能否完成相应路程的行驶问题。我的车在杭州待了多长时间，有没有可能像指控的那样，去完成掉头、绕行、强奸、杀人、抛尸等一系列行为后再开车离开杭州，这样算下来，作案时间是不够的。

之前没有人听他讲这些，但张飚愿意听他讲，他还讲了很多其他的细节。张高平又说，他还怀疑这起案件是后来杭州又抓住的杀人犯勾海峰干的，这本来可以说是毫无依据的，但令人意外的是张飚听他讲了整整一上午才讲完，还因此耽误了吃午饭，最后跟张高平一起吃了一顿"牢饭"。

之后，检察官张飚认真研究了张高平的相关材料，一审、二审判决书和他写的申诉状，发现可能有一些疑点。张飚非常重视张高平讲的一个叫"袁连芳"的证人，但这个袁连芳在马廷新那个案件中是羁押在河南的，张飚在全国犯罪信息系统检索"杭州 袁连芳"后发现全国就只有这一个袁连芳，就是他。张飚就觉得很奇怪，袁连芳是贩卖淫秽物品犯罪，为何会从杭州押解到河南去羁押？毕竟贩卖淫秽物品罪是一个比较轻的犯罪，如果真的是重大犯罪需要异地羁押，除了杭州，浙江省还有很多其他市、县可以转移，为何一定要转移到河南省鹤壁市那样一个小地方？于是，他开始研究马廷新案件中的"袁连芳"是不是这个袁连芳，以及是不是张辉那个案件中的"袁连芳"。张飚检察官仔细比对这些照片，并把照片邮寄给河南省鹤壁市检察院的检察官。

但问题是马廷新案中并没有袁连芳的相关资料，而鹤壁市检察院起诉马廷新时，移送的证据却有袁连芳的证人证言，那证人证言又是从何而来？好在，马廷新见过袁连芳，检察院的人就去找马廷新，让他对照片进行辨认，以确认这个人是否是之前指控他的袁连芳。之后，鹤壁市检察院的人隐约觉得可能有问题，只电话回复了石河子检察院的张飚说是这个袁连芳，但并没有出具书面证明。这时，张飚就有疑问，他去问张辉，张辉一看照片也说是那个跟他关在一起指控他杀人的袁连芳。

但不巧的是，张飚检察官马上到退休的年龄了，过完年就无法再继续办理这个案件，他就在退休前把张高平写的申诉状邮寄到浙江省检察院，但是一封一封都石沉大海。于是，他又以石河子检察院的名义致电浙江省检察院，询问是否收到邮寄的申诉材料，对方说收到了，但目前还没有任何进展。张高平此时很沮丧，张飚就提示张辉、张高平说马廷新案件的辩护人叫朱明勇，让他们的家人去找朱明勇律师，这样就可能就有翻案的机会了。

两年后，经历了诸多波折，张高平的哥哥张高发才想起来张飚检察官说过的朱明勇律师。他就开始来北京寻找，直到2010年才联系上我。那天我在河南郑州，他又从北京赶到郑州，夜里十二点我来到他落脚的"旅馆"，狭小的院落里停了几辆破旧的面包车，一盏昏暗的白炽灯散发出微弱的光，我沿着这栋围墙上喷写了若干个圆圈里带着"拆"字的两层小楼转了一圈，终于在最深处的围墙边发现有一处铁架子焊接的楼梯。沿着楼梯上行，第一脚便踩出"咔嚓"

的声响，二楼第一间房便是张高发所说的"201"房间。进了屋里我发现这间房子只有五六平方米，一张单人床边上就是门，两个成年人往那里一站，就没有多余空间了。张高发说着就从一个已经拉不上拉链的黑色皮包里掏出一叠材料开始诉冤，我慢慢听他讲着。他讲到袁连芳时我顿时来了精神，问他：为什么你这个案件中也有个袁连芳？他说就是因为我们案件有个袁连芳，您办理的马廷新的案件中也有袁连芳，新疆的检察官才说让我们来找您，我们找了好久才找到您的。

于是，当我在张辉、张高平的判决书中看到袁连芳的证人证言后，我对张高发说这个案子我接了。见我要走，这个衣衫褴褛、风尘仆仆的老人从一路挑来的编织袋里拿出一块腊肉火腿，说是安徽歙县的特产，执意要我收下。

晚上回去，我开始研究这个案件，越看越觉得疑点重重，我内心的声音告诉我这一定是一起冤案。那是2010年11月的一个晚上，我看这个案件的材料一直看到凌晨三点，还连发了三条微博。

我接下这个案件后，就让张高发回家了，我前往浙江高院代理申诉这个案件。此前他们已经在浙江省申诉了七年，但法院工作人员并未在记录中查询到这个案件的申诉记录。我只好现场填写申诉表，正式提交申诉申请。经过一年的调查取证，案情有了重大进展。

2011年11月21日，上海《东方早报》罕见地用两个版面分别从两个不同的角度报道了这起案件，一篇题为《一桩没有物证和人证的奸杀案》；另一篇题为《跨省作证的神秘囚犯》，此案引起舆论关注。

杭州市公安局立即将小丽指甲中残留的DNA样本重新取出，在警方数据库中比对，出来了一个名字——勾海峰。这惊呆了众人，这个时候，勾海峰已经被枪决了八年！最终他们决定连夜将样本送公安部物证鉴定中心重新比对、鉴定。公安部物证鉴定中心经查询比对，从小丽指甲中提取的DNA检出的混合STR分型中包含有勾海峰的STR分型。于是，他们决定再将样本送到司法部设在上海的物证鉴定机构鉴定，结果依然相同。

即便这样，让当年的侦查人员相信这样的结果本身也是令人纠结的。于是他们再次派出领导前往公安部，找到鉴定专家了解情况，结果专家们用科学的分析、论证，证实确实在保存 10 年的小丽指甲中分离出的男性 DNA 分型检测到了勾海峰的 DNA 成分。

即便如此，浙江省最终下决心平反此案又拖了一年多。

此间，浙江省政法委专案组远赴新疆，当面听取张辉、张高平的申诉，浙江省高院立案复查；浙江省高院前往安徽歙县走访被害人小丽的父母、远赴新疆提审张辉、张高平，并前往河南了解马廷新案审理过程。经过研讨，最终决定再审。再审开庭前，"流放"边疆的张高平叔侄被换押回杭州，那时，我心里隐约预料到可能是要改判无罪。

2013 年春节前一天，即 2012 年除夕夜我接到了张高发的电话，说收到了浙江省法院的再审通知书……终于盼来了再审！此时，再审结果已无悬念，无罪已成定局。

之后我们就盼着再审开庭，我与张高发一起再赴杭州，与浙江省高院案件的主审法官商讨庭审事宜，但张高发说法官让他把我换掉，而且把整个律师团队都换掉，由法院给他们指派律师。

张高发拿不定主意，我跟他分析，说再审处理结果有这样几种可能，可能维持原判，也可能改判，还有可能直接宣告无罪。我说无罪的可能性比较大，我尊重当事人的意愿，由他自己决定，建议他去征求张辉、张高平的意见。浙江高院方面说，允许张高发与张辉、张高平二人会见，做做他们的工作，法庭审理时不要说那么多。其实我的内心是比较憋屈的，我为这个案件东奔西走了这么久，付出了诸多心血，甚至自己出钱承担差旅费用，头发都熬没了，马上就要迎来胜利的时候要把我换掉，换谁都接受不了。但我依然表示尊重当事人的意愿，于是，我让张高发带了两份空白的委托书，问他们究竟想请哪个律师，要不要换掉我。二人最终与法院达成妥协，说必须保留朱律师，其他律师可以换掉。

终于等来再审开庭，浙江省检察院出庭检察员宣读出庭意见，认为本案事实不清、证据不足，指控的犯罪不能成立。我发表了半个小时的辩护意见，强调这个案件曾有七次纠正的机会，但是都被错过，十年冤狱需要反思。而张高平在最后陈述时忽然面向审判席发表了一段高大上的演说，内容极为深刻：“你们是大法官、大检察官，但你们的子孙不一定是大法官、大检察官，如果没有法律的保障和制度的完善，他们也可能像我们一样，蒙受冤狱，徘徊在死刑的边缘。”

2013 年 3 月 26 日 10 时，浙江省高院再审宣判，宣告张辉、张高平无罪，浙江省高院副院长俞新尧向他们鞠躬致歉。换了一身崭新的衣服走出监狱的张辉、张高平大喊：“我们清白了！”

之后，在法院的安排下，我与他们二人一起住进了宾馆，商讨后续的国家赔偿事宜。

案件到此就告一段落了，结束后有人将这个案件以故事叙述的方式穿插到马廷新案中，描述了这起案件涉及的刑事诉讼的程序问题、证据问题，以及案件中出现的“狱侦耳目”的问题，包括这其中暴露出来的刑讯逼供问题，甚至反映出来的人情冷暖等。记者柴静曾写过一篇《十年十人》的文章，讲述的就是这起案件中出现过的人，大家有兴趣可以找来看一看。

总之，诉讼制胜的核心都是证据问题。因此要学好证据科学这门课程，首先要有强烈的证据意识，还要培养推敲证据、分析证据、收集证据的特殊能力。

我们回顾一下，从 2005 年至今有多少轰动社会的冤假错案？从“亡者归来”的 2005 年佘祥林案、2010 年的赵作海杀人案，到呼格吉勒图奸杀案等。还有很多，大家知道的、不知道的。值得注意的是，几乎每一起平反的案件都是因为证据问题，尤其是达不到排除合理怀疑的标准。

我们要始终坚信，“法庭上只有证据，没有真相”。

"情势变更"下的罪名适用

如果大家有留心关注，会发现当前刑事律师界做得风生水起的律师，很多都不是刑事法专业的，甚至很多都不是法学专业的。有的是民事诉讼法专家，有的是行政诉讼法专家，还有一些优秀的刑辩律师是理工科出身的，而不是从法科学生直接做到律师。这些律师很多都有丰富的生活阅历。为什么会出现这样的一种现象呢？是因为刑事辩护需要的是非同寻常的思维能力和行动能力，所以我们需要不同知识和思维体系的训练，这些体系的训练需要的基本功恰恰是我们的法学教育当中最为缺失的。

比如说**严谨的思维能力训练**。文科的学生基本上没有受过这样严格、系统的训练，他们受到的训练都是诗情画意的。看到今天的月亮，会想到"明月几时有，把酒问青天。""可怜九月初三夜，露似珍珠月似弓。"而理工科的学生受到的大多是严密的思维能力训练，还有逻辑推理的训练。所以我们发现很多大学的法学本科生、硕士生毕业之后完全不会分析实务问题。你跟他们讲逻辑问题时，很多概念他们都没有听说过，更不用说比较复杂的逻辑分析能力。

实践中的刑事辩护跟理论上的刑事辩护有很大的区别。按照理论上的说法，可能你只要有能力说服法官，或者在比较重大的案件中，你能说服控、审双方，那就有可能成功了。而实践中不是这样，实践中的刑事辩护有一个特点，这个特点就是：不是你说得足够有道理，或者说起来像那么回事，就能够打动法官。一般成功的案件不是这样的，它一定是让你回归到一个类似于需要用数学方法计算的这样的一种证明方式，需要你算出来精确的数字化的结果来证明这个人是无罪的。这就非常奇怪，为什么会出现这种情况呢？我们不是讲刑事诉讼的证明标准是排除合理怀疑吗？可能大家以为，只要这个合理的怀疑没有办法得到解释和说明，就会疑罪从无，但是我们刑事辩护的现状，很多时候不是这样的。

为什么我刚才讲要用数学的方法精确地证明一个人无罪，他才是无罪？这是充分考虑了当前刑事辩护的现状后得出的结论。从某种意义上讲，刑事诉讼中的数学的方法就是逻辑分析的方法。

那怎么运用这样的方法？这就涉及下面要讲到的"严谨细致"。

我先讲一个案例，大家可以在中国庭审公开网上去搜索"张家港非法买卖制毒物品案"，这是我办理的一个案件。

这个案件非常有意思，涉案数量很大，大到什么程度呢？起诉书认定我的当事人，也就是涉案的这家企业，非法买卖制毒物品2万多吨（详细的办理此案的过程，后文会全面、详细介绍）。这是新中国成立以来同类案件涉案数量最大的一个案件，是上级指派张家港市公安局去侦查的。张家港市公安局和检察院费了很大的精力把这个案子查到"事实清楚，证据确实、充分"，就起诉到法院。但是我发现了一个非常简单的问题：非法买卖制毒物品，这家企业买卖的这个东西是不是制毒物品？是的，它买卖的是《易制毒物品名录》里面的产品，而且又没有相应的手续，自然是非法买卖制毒物品，但是仅仅这样就能定罪吗？这个罪名有一个很简单的入罪条款——经营这些易制毒物品没有办理相关的许可手续。但如果查明它们的用途和去向，是用于正常的生产生活，那么就不以毒品类犯罪来定，而是可能涉及其他的行政违法或者是其他罪名。非法买卖制毒物品的前提是明知这个东西可能用于制造毒品，所以国家要进行严格管控。一旦经营者没有办理相关的手续，就要对他进行打击，而且是严厉打击。但在这起案件中，涉案企业是把这些所谓的"制毒物品"卖给正常的生产企业作为工业生产的添加剂使用了，而不是去生产毒品了，并且这些都是有证据证明的事实。

接下来又出现了一个问题，检察院说我上面的辩护意见好像有点道理，一次搞不定，他们撤回去，换一个罪名变更起诉。于是，第二次开庭检察院变更起诉，换了一个罪名，叫销售伪劣产品罪。

此时，控方的逻辑又出现了一个非常有意思的错误——指控说涉案企业到上家购买产品的时候，人家给它开的发票的内容是"甲苯"，然后它卖给下家的时候，开给别人的发票上面的内容是"芳烃"，这个不就是以次充好或者以假充真吗？

如果是有理工科背景的律师去辩护，可能很容易就发现这里面的问题了。甲苯跟芳烃是什么关系呢？高中化学里面就讲清楚了。高中化学教材里面讲到，芳烃是含苯环的一类化学物的总称，它包括甲苯、乙苯等，很多物质都含一个苯环，那么这一类物质就叫芳烃。明白了这个道理，就不至于认为把甲苯当芳烃去卖就是销售伪劣产品。

弄明白这个背景，接下来第一个要解决的问题，就是问公诉人：你知道甲苯和芳烃之间的关系吗？他说不清楚。那好，他不清楚我就来告诉他这其中的关系。为了增强辩护的科学性和权威性，我准备了好多参考资料，拿了一堆化学教材，还有一些化学类的期刊，甚至最新发表的一些学术文章，还搜集了很多专家的观点。我说我们先从高中化学讲起，我分别拿出江苏教育出版社、山东教育出版社、中国化工出版社、人民教育出版社这几个版本的教材，说这几个版本分别在第几章第几页里面讲过这个问题，其实内容都是一样的，我要给它强化起来。也就是说，甲苯是芳烃的一种，甲苯可以说是芳烃，但芳烃不能够说是甲苯。这在逻辑学上我们把它界定为种属关系，是包含与被包含的关系。

如果你没有学过形式逻辑，可能我跟你讲这些你不太好懂，干脆打个比方：我到山东烟台买了一车苹果，拉到北京来，在批发市场里面卖的时候旁边挂着牌子，写上"出售新鲜水果"，请问你能够说我是销售伪劣产品吗？我拉来的苹果，我说它是水果，你不能说我卖的是伪劣产品，这个道理很简单。结果公诉人眼睛瞪得很大，就在那里想。我说你不用想了，这就是一个很简单的逻辑学问题。你肯定是没有学过形式逻辑，如果你学过形式逻辑，就不会有这样的疑问，它们之间就是种属关系。我把苹果当水果卖是没有问题的，同样，我买的甲苯，卖的时候说是芳烃也没有问题。

说到这里，大家认为细到这一步是不是够了？还不一定够，我又继续延伸出具体的化学专业知识。什么叫苯环？我又给大家展示了结构式：甲苯的分子结构是什么样的，乙苯的是什么样的，它们共同的特点在哪里可以看得出来，等等。说到这些细节的时候，公诉人和法官基本上就能听明白了，因为我注意到很多旁听的群众在频频点头了，没有任何人提出质疑。不过，公诉人反应也挺快，他说先不管你是甲苯还是芳烃，你把这个卖给石油企业，它们添加到汽油里面去了。甲苯是不是有毒？那么有毒的东西加到汽油里面去了，不是会产生有毒气体吗？原来公诉人转到这个方向了。我说，你要是说有毒气体，我们就看看汽油燃烧后的排放问题。汽车尾气里面的有毒气体指的是什么？按照国家标准，有毒气体是指气体含硫物质，国家标准里没有规定碳是有毒气体。甲苯燃烧以后，它产生的是碳和水，没有你说的含硫物质，甲苯本身也不含硫，它怎么烧也烧不出来含硫的二氧化硫等有毒气体，所以这还是一个常识性的问题。

公诉人又说，汽油的行业标准里面没有说可以添加甲苯，我说我给你看国家强制性标准，最新的国五标准现在都有，里面说可以添加不超过40%的芳烃。那么我们企业把甲苯卖给石油企业，石油企业把甲苯添加到汽油里面去，没有超过国家规定标准，即使超过也不是我方添加的，是卖给石油企业后，石油企业添加的，所以也没有我方的问题。

最后这个案子没法按照起诉书变更的罪名判决，只好再次休庭。检察院不愿意这么不了了之，最后又变更起诉。这是我做律师以来遇到的第一个连续用了三个起诉书，起诉了三个罪名的案子。最后检察院搞的是一个口袋罪——非法经营罪，想着这次总算跑不掉了，于是我又准备第三次开庭，应对第三个罪名。

非法经营罪，所有人都觉得跑不掉了，因为它是个口袋罪，本身这个罪名当中还有一个小口袋：《刑法》第225条最后一项说是"其他严重扰乱市场秩序的非法经营行为"，也可以定罪。但是"其他"是什么？不知道，你想，用口袋罪里面的一个兜底条款，那意思就是说你怎么跑也跑不出我这个如来佛的掌心，一定得给你定个罪。

这一款规定本质上还是涉及一个概念上的争论，归根结底还是逻辑学的问题：如何去界定一个概念。

《刑法》第225条规定的非法经营罪，第一款讲的是违反国家规定，未经许可经营了法律、行政法规规定的专营、专卖或其他限制买卖的物品。他们就认为涉案物品属于专营专卖的范畴，需要易制毒物品经营许可证，你没有；或者许可证上没有这个品种就等于你没有经营资质。

不知道大家有没有注意到这里面有一个概念上的界定错误：我们说刑法当中讲的一个是专营专卖，另一个是限制买卖。那么，我们这个产品是专营专卖吗？不是。什么叫专营专卖？常见的有烟草专卖、食盐专营。

那限制买卖是什么概念？和我们说的经营许可证当中没有这个产品是不是同一个概念？对此，20世纪80年代《投机倒把处罚暂行条例》是唯一的一个法律依据，这个条例中第一次提到了"限制流通的物品"。我们这个涉案物品并不是限制流通的，只是说要办理经营许可证，需要办理经营许可证的物品就一定等于限制流通的物品吗？按照一般人的理解，如果不是限制买卖，国家为什么要设置经营许可证制度？肯定是有一定的限制。那我就要说服公诉人和法官，限制买卖和要求办理经营许可证不是一回事。

怎么解释呢？我就再给他举个例子。根据我们的社会经验，比如有一位卖烤红薯的老人，烤红薯是食品，根据国家的规定，经营食品必须要有食品经营许可证，他没有许可证，是不是要定非法经营罪？

其实烤红薯并不是最典型的，最典型的是农民种田卖粮食。种田是干什么？是粮食生产。然后加工，卖出去。不管是卖给国家还是卖给社会上的单位或个人，这都是粮食销售。请问他们都有粮食生产经营许可证吗？有粮食加工经营许可证吗？没有。难道他们都是犯罪分子吗？如果按照公诉人的逻辑推理下去，会得出非常荒唐的结论。那说明什么？说明就不能够按照他这个逻辑来，他这个该有证而没办证就是犯罪的逻辑一定是错的。

这次开庭后不久，这个案件就撤诉了，全案抓了好多人，全部无罪释放了。

通过这个案例我们可以发现，要想把一个案子辩护得有成效，光凭法律规定的条文或者是法学的基本理论去分析是不够的。为什么？现在的法官、检察官水平都很高，很多都有硕士甚至博士学位，但为什么他们受到非常充分的法学科班训练之后，实践办案中还是出现了问题？

因为他们除了逻辑知识不够外，社会经验也不够丰富，所以我们也经常会讲经验法则的问题。

现实中常有这样的情况，律师会觉得有时无法和法官有效沟通，除非和法官谈犯罪构成要件，他才有可能和你沟通一下，但是这些在刑事辩护当中往往并没有决定性的作用。为什么？因为我们首先解决的问题是事实问题。你用什么样的证据来证明？接下来才是法律适用问题。最后起作用的也许是事实无可争议之后的常理常情。

这就涉及我要讲的另外一个话题——"情势变更"，这也是我在刑事辩护工作当中的一个思考。情势变更本来是合同法中的概念，指的是合同有效成立以后，在没有发生违约的情况下，因为合同履行时的情势与合同签订时的形势相比发生了变化，导致合同不能够履行，怎么办？可以申请撤销或变更。为什么我要把这个概念引到刑事辩护当中来？我也是想从另一个角度说一下，刑事辩护当中会不会发生类似于合同法当中的情势变更的事情。

比如说，1979年《刑法》中有个投机倒把罪，什么叫投机倒把？很多人感觉只是知道是怎么一回事，但不知道怎么去表述。当时有几个词能很好地概括：囤积居奇、哄抬物价、掺杂掺假、欺行霸市。

我再举个例子，那个年代，在家卖油条，工商管理部门也要管，为什么？因为国家不允许个体户卖，你要自己卖就叫投机倒把。

比如说有人放个谣言，说明年可能要有病毒性流感，多吃大蒜可以预防，那我先囤上几吨大蒜，明年春夏之交的时候，通过网络大肆宣传，说治流感唯一的有效的办法就是吃大蒜，我5块钱一斤进的大蒜卖10块钱一斤，这就是囤积居奇，就是投机倒把。这个词可能现在还有很多人没听说过。随着改革开放，国家要搞市场经济了，市场经济要靠价值规律来调节市场，开展经济活动，曾经被认为是犯罪的行为，现在就不是犯罪了，那"投机倒把"这项罪名的存废就提上了议事日程。

后来，有专家学者认为投机倒把罪已经完成了它的历史使命，应该改了，所以1997年《刑法》修订的时候把这个罪名去掉了。我们就发现，从形势来看，社会状况发生了变化，原来可能是犯罪的行为，现在不是犯罪了，这是大家比较容易理解的。但还有一种情况是法律法规有了相应的调整，或者已经在考虑修订了，这就属于情势变更。

比如说《刑法》当中有一个强迫交易罪，在 1997 年《刑法》中的表述是"强迫他人买卖商品、强迫他人提供或者接受服务"。

2011 年 5 月 1 日施行的《刑法修正案（八）》第 36 条将《刑法》第 226条修改为：

以暴力、威胁手段，实施下列行为之一，情节严重的，处三年以下有期徒刑或者拘役，并处或者单处罚金；情节特别严重的，处三年以上七年以下有期徒刑，并处罚金：（一）强买强卖商品的；（二）强迫他人提供或者接受服务的；（三）强迫他人参与或者退出投标、拍卖的；（四）强迫他人转让或者收购公司、企业的股份、债券或者其他资产的；（五）强迫他人参与或者退出特定的经营活动的。

而 1997 年《刑法》第 226 条的内容是：

以暴力、威胁手段强买强卖商品的、强迫他人提供或者接受服务的，情节严重的，处三年以下有期徒刑或者拘役，并处或者单处罚金。

之前我办理的一个黑社会性质组织案件就遇到了这样的问题，其中有一起犯罪事实是强迫交易，是说外地人到这个地方来收废机油，然后本地人也要做，就发生了竞争。本地人发现外地人到他们这个地方来收废机油，就把他们撵走，撵不走就找人打，来一次打一次，打了几次，终于把他们弄走了，相当于本地人占领了本地的收废机油的市场，而且全部垄断了。检察院就给本地人定了一个强迫交易罪。但是问题来了：我又不是说强行让人家把废机油卖给我，我也不是强行把我的废机油卖给人家，我是不允许外地人到我们这里来买别人的废机油。这个怎么叫强迫交易？《刑法》上规定的不是强买强卖吗？

后来《刑法》修正了，就针对这种情况补充了几条，其中有一条是强迫他人参与或退出特定的经营活动，这个就有点靠谱了。上述行为如果按这个条款来定罪也许就比较适当。所以我们在办案时千万不能忘记法律的修订，看看相关事实对应的罪名是否经过调整。特别是一些细微的调整，如刑期的变化，附加刑的增加或废止。

前不久我们又办了一个黑社会性质的案子，其中也有一起犯罪事实被指控为强迫交易罪，但是这个行为发生在 2008 年，我就感觉有戏——"强迫他人参与或退出特定的经营活动"是 2011 年《刑法修正案（八）》才加进去的。而指控行为发生在 2008 年，应该适用 1997 年《刑法》。因为 1997 年《刑法》中的强迫交易罪仅规定强迫买卖物品或者提供、接受服务的行为才成立本罪。

我说："罪刑法定是刑法的基本原则，我们先把它切换到一个领域……"审判长打断我说：你不要讲理论问题，就讲辩护意见。我说讲辩护意见之前必须先讲理论，把理论讲清楚，就会发现公诉人的指控是完全错误的，他的证据证明的不是应该追诉的行为。你们不相信我马上就开始切入这里。

什么叫罪刑法定？指控的任何罪名必须是法律明文规定是犯罪才可以吧？

好，强迫交易罪的条款中有没有这个罪状？原文是怎么表述的？法律规定的是强迫他人买卖商品或者强迫他人接受或提供的服务，但是你们指控我当事人的行为是什么？我们要求跟别人一起合作经营鞭炮，说你也卖鞭炮，我也卖鞭炮，那我们两个一起共同经营，赚钱平分。要说交易，我不买他的鞭炮，他也不买我的鞭炮；要说提供服务，他也不给我提供服务，我也不给他提供服务。我们两个就是一起去卖货，就是这么一个行为，这种行为在《刑法》中没有规定是犯罪行为，公诉人指控构成强迫交易罪，但是强迫交易罪说的只是买卖商品和提供、接受服务。

公诉人还没反应过来，就说：不对，《刑法》第 226 条有强迫他人参与或退出特定的经营活动的规定，他这不就属于强迫别人跟他一起参与经营活动吗？

其实这是我给他设的一个套，就让他往这里面跳。

我说你说的是什么？你说的是《刑法修正案（八）》以后的《刑法》还是以前的《刑法》？《刑法》还有一个从旧兼从轻的原则，你应该知道吧？

我说，你知道 2011 年《刑法修正案（八）》修订了哪些内容吗？其中第 36 条增加了你说的这一罪状，也就是说 2011 年 5 月 1 日之后才有这一条。公诉人有点没反应过来，我说这个问题你不用想了。法官也说，我们回头再核实一下。

　　我们要注意，实践当中有些事情发生了情势变更，法律当时没有这么规定，后来觉得这个也需要打击那个也需要打击，或者有些行业有些行为不再需要打击，就进行修订了。现在司法解释越来越多，最近扫黑除恶案件中也出现了很多法律适用问题，比如什么叫"暴力"？现在又出现了"软暴力"，这该如何理解？

　　我们先看什么叫"暴力"。它一定跟暴和力量有关系，力量一定有力和反作用力，我打了一拳打到你，你不能说我回一拳头就是暴力。现在出现的这个"软暴力"的说法可能不太好懂，所以很多法院最近判得也标准不一。说这个人跟在别人的后面，三步近四步远，你走我也跟着走，这也叫暴力，叫软暴力。还有人说他看过我一眼，但是我看他那个眼神，我很害怕，这也叫软暴力。

　　前不久有学者写了一篇文章，大概是说软暴力的问题，他认为存在软暴力不一定就是犯罪，软暴力本身也不是犯罪。所以我们在处理一些案件的时候就应当注意，既然法律政策出现了调整，我们就要"随机应变"。比如原来可以在网上发一个帖子，把哪个领导批评一下，现在可能就不行了。现在搞得不好就变成了诽谤，变成了寻衅滋事。按照转发 500 条、浏览 5000 次的标准，如果发的是不真实的消息，就可能构成网络寻衅滋事犯罪。所以现在很多问题我们搞不懂了，搞不懂的时候更加需要理性的分析，要更加谨慎地对待每一起案件。

　　比如现在的扫黑除恶案件，什么叫黑社会性质组织？现在标准也不是特别清楚，本来《刑法》第 294 条有明确规定，要具备四个特征。最早时需要有"保护伞"，后来又不需要了，现在有时候又必须有"保护伞"了。这些标准总是在发生变化，所以我们要及时关注刑事政策的变化。

　　刑法要及时跟随社会的变化进行调整。比如投机倒把不需要打击了，我们就把它去掉，不算作犯罪了；像强迫交易，又有新的形式出现了，包括强迫不交易、强迫共同经营，那么我们也要修正刑法，慢慢进行调整。刑法本身不是死的，只是略微滞后于社会的发展变化，因为它要有一定的稳定性。但是在社会快速发展的背景下，我们还真要及时考虑哪些法条出现了跟社会发展不匹配的地方，该修的要修，该补的要补。更重要的是在法律未改，社会情势已经发生变更后如何理解和适用还在生效的法律，则是辩护人更应该考虑和把握的。

比如说现在大家关注得比较多的两个典型罪名：虚开增值税专用发票罪和骗取出口退税罪。

虚开增值税专用发票罪这个罪名是从哪里来的？增值税是什么意思？举个例子：我生产某个产品需要买原料，我买上家企业的原料，然后加工成一个产品再卖出去，我就需要按照不同的行业标准交税，比如工业产品是17%，其他行业还有6%、3%等不同标准。但是这个税是不是太高了？高没关系，国家有政策，规定增值税是可以抵扣的。你买上家的这些原材料，人家也要给你开发票，也就是说它也交了税，它给你开的发票里面也含了一定的增值税，你可以拿它的发票抵扣，如果它交了17%，你这里可以抵扣掉17%，这样的话你只是交增值部分的17%。比如我买了100万元的原材料，加工成产品之后卖出了120万元，理论上讲只需要交20万元这一增值部分的17%，这样大家比较能接受。

由于抵扣税款的数额比较大，比如说拿17%的票，我就可以抵17%的税，所以当时就有很多人想到利用这个政策：我是不是可以买很多假的成本发票来抵扣？把税收全部抵掉或者至少抵掉大部分？于是他们就开始买假发票、做假发票，或者是申请了真发票，开完之后企业就消失不交税，然后卖给下家去抵税，这样就导致国家税款的流失，而且数额都特别大，很多都是以亿为单位来计算的。这样国家税收的流失就很厉害，所以《刑法》就规定了一个"虚开增值税专用发票罪"，而且打击得很厉害，量刑很高，最高刑是无期，最开始甚至规定了死刑。

后来，税收管理越来越规范，现在不能随便开票了，因为全程联网，你这里要开，网站就会实时扣掉税款，你就得交税，交上去之后你这个发票才可以给下家，下家拿了你这个票去抵扣，首先在网上核查：第一这个票是真票，第二税款已经缴纳过，才可以把相应的税款给抵扣掉。

在这样的一种全程联网的背景下，我们就发现国家税款不可能有流失了。因为只有前面的人交了，后面的人才可以抵扣：前面的人没有交，后面的人就抵扣不了。也就是说你去买假票，开假票的人必须交了税，你才可以抵扣。

这样一来，虚开增值税专用发票，从偷逃国家税款这个层面上讲，理论上是不可能完成的了。那还有没有危害性？有，比如说它导致国家的统计数据不够准确，妨碍了税务发票的管理制度，但是这个不一定就是犯罪，而且不一定是虚开增值税专用发票罪。

这就是社会管理层面发生了情势变更，导致最初设置这个罪名的用意也发生了变化。

再从另外一个角度来看，国家不仅没有损失，有时候反而还"捡钱"。企业真的有生产活动，加工成产品卖出去，然后再抵扣税款，这是正常的。你交给国家的税款，这是该交的。而"虚开"是一个什么情况呢？比如说你给我虚开，我给他虚开，反正各种情形，只要是虚开的，因为没有真实的贸易行为，国家就不应该有这方面的税收数据，对吧？本来没有货物流通，也没有劳务提供，你本来也不应该收上家的税，更不应该收下家的税。但是现在虚开了一张发票，表示上家给下家提供了原材料，交了一次税，下家又说有加工并且出售的产品，又交了一次税，把它交的税拿来抵扣掉了，这样的话总还是有一家实际上是给国家交了一点税，国家等于是"白捡"了一点税。当然，这种行为本身是违法的，破坏了市场经济管理制度，是必须要治理的。

这个问题出现之后，法院怎么判的？法院只能根据法律规定判。虚开增值税专用发票罪，根据量刑标准最高可以判无期。但是按照前述的情形，其社会危害性好像又没达到用刑法评价的程度，能不能判这么重？法学理论界、实务界和企业家都在思考这样一个问题。

那现在怎么办？实践当中出现了两种情形：一种是继续按原来的规定当犯罪处理，而且判得很重，也有一些判得很轻，但还是当成犯罪来处理；另一种是不当成犯罪来处理。虚开增值税专用发票罪，尽管没有像诈骗罪那样明显的以非法占有为目的这样的一个前置，但其中夹杂的意图也应该是这样的，打击虚开增值税专用发票犯罪肯定是要以防止偷逃国家税款为目的。但事实上确实有法院对这样的事实就认定是无罪的。各种结果的判决都有，那我们应该怎么办？我们就应该考虑情势发生变更之后，法律要不要及时修订，法律没修订时怎么从更多的层面去分析案情，说服法官。

因为将一个行为归罪要谨慎，不要轻易认为一个行为看着不顺眼，就可以定个罪，这样的话罪名就太多了。当明显感觉一些行为不应当定罪的，就要引起警觉，可能这个行为在当时的立法来看是构成犯罪的，但到了现在，就不能够再被当作犯罪来处理了，就像我上面提到的虚开增值税专用发票罪。但是你说它还是有违法性，需要打击，那我们就可以考虑对这样的行为怎样打击才是合适的，比如罚款行不行？行政处罚行不行？因为这种行为的社会危害性较小，就是企业"吹牛"还多给国家交点钱，GDP 增加一些数字，它的违法性没有上升到必须要受刑事处罚的程度。

现在没有法律明确这个问题该如何解决。2016 年有个司法解释，2018 年也有个司法解释，2018 年的司法解释说还要搞个新的司法解释，大家都在等新的司法解释出来。2018 年司法解释有一个很大的进步，就是把 2016 年的司法解释废除了，2016 年的司法解释就是比较限制性的，什么叫虚开？你给我虚开我给他虚开，我介绍你给他虚开都是虚开。2018 年时这条就不用了，我们感觉到最高院其实是注意到这个问题了，但是实践当中法学界和最高院的一些法官也在很多场合讲，这个罪其实就是以偷逃国家税款为目的，如果一个人的行为没有以偷逃国家税款为目的，而且本质上也不可能使国家税收减少，那么还当成一个重罪来处罚，恐怕不合适。但是目前法律还没有改，这是一种现状。

另外一个罪名，骗取出口退税罪。这个也很有意思，什么叫骗取出口退税罪呢？

这里我就又想说两句题外话，我一直觉得，刑法学理论界的圈子有时候很奇怪，学者在自己的一个很狭窄的领域里面固步自封，不允许别人进来，自己也不去关注别人的研究成果，特别是完全不了解社会实践，这实际上是不利于问题的解决的。毕竟法学是一门实践性很强的社会科学，是关涉着当事人的生命和自由的。

中国人民大学的一位教授曾经写了一篇文章，就说这个问题：搞民法的只是搞民法，不懂商法，甚至不懂经济法，不懂知识产权法，更不懂刑法；搞刑法的也不关注知识产权法，也不关注民商法；等等。这导致我们法律学者的知识面不够广泛，就容易出问题。比如现在我们的教授、博导，都按专业很细地分类：民事诉讼法学、刑事诉讼法学等专业下还要细分研究方向。这种学者的理论是空对空的，但他们的研究成果又影响实践，如果理论和实践过于脱节，那终究是要出问题的。

再回到骗取出口退税罪，这是一个刑法问题，但是出口则是一个贸易问题、经济问题，涉及税收、行政管理以及行政法规制的问题。有的刑法学专家就没搞懂，他认为只要骗了国家的税，搞了假的东西就是犯罪。但是你认真追问下去：请问骗取出口退税骗的税是什么税？是哪个环节的税？就会发现很多刑法学家不懂，不知道。本来我们是向他请教问题的，结果发现他连出口的模式都没搞懂。你说杀人罪他知道，反正不管你用什么工具，枪也好，刀也罢，把人的生命结束了，都叫杀人，或者叫故意伤害致人死亡。但是说到骗取出口退税罪，他就不知道具体犯罪行为是如何实施的了。

这个罪名出现了什么问题呢？《刑法》第204条讲的是"假报出口"，就说你其实没有出口产品到境外，但是你说你出口了产品，而且还说这个产品没有在国内销售，卖到海外了，换取了外汇，但是这个产品在国内还是交了税的，购买原材料环节的上游都交了税，也抵扣不了税了。国家就有个政策叫出口退税，其实就是政府的出口补贴。

但是这个罪名后来在实践中出现了这样的问题，有些"神通广大"的人到外面去买几张海关单子，找人伪造公章，拿到本地税务局办理退税，国家说你出口了就可以退税。其实你没有出口，你没有生产，你只是买了一个假的出口单据，假报出口然后骗取国家的退税，国家把税给你退掉。这么操作，跟虚开增值税专用发票差不多，但是现在又发生了情势变更了。现在的变更是因为大数据互联网技术的广泛应用，导致这种传统的骗取出口偷税的方法没有可行性了，因为所有真正出口的货物，必须经过海关，只要你真的出口了，海关就有记录，在中国海关网络系统是可以查询到的。

比如说甲公司出口了一批羽绒服或者貂皮大衣，那么海关就有记录，你说这个羽绒服或貂皮大衣是我们工厂出口的，我们上游都交了税，交了多少税现在就要把这些税退回来，这是正常的程序。但是现在在技术上，海关全国联网，所有出口的产品海关都有记录，没出口海关就没有记录，不可能像原来那样自己伪造几个出口单据就能去骗这个税，实践当中是不可能完成的。

现在骗取出口退税罪这个罪名在实践中还有另一种变化：因为海关真的有

出口记录，这样一来就也不再可能有假冒出口。但有一种情形是：不是我这个公司生产的产品出口，而是外国个体户自己背几包貂皮大衣过关，但是个体户最后不需要报关单来退税，因为他报完之后也没办法到国家税务局那里办理出口退税，因为出口退税是鼓励本地企业出口的。所以这些人就跟中国代理报关的人勾搭在一起，他们说我们要这个报关单据没有用，可以把报关单卖给你们，然后我们以他人公司的名义出口。代理就想办法找一些内地落后地区的企业，这些企业出口是业绩，国家有补贴，还有奖励，它们就可以用这些假冒自己企业名义的报关单据申报出口退税了。

这就相当于你到饭店吃饭，吃完之后走了不开发票，但是等一会儿有一个人说，今天你们是不是有好多人吃饭没开发票？没开的发票都开给我，老板就开给你了。其实饭店老板真的卖了产品，但是大部分人没有要发票，最后来了一个可能到单位去报销的人，他要了一张发票。那能说这个老板开假发票了吗？不能，他也真的有营业额，只是应该开给张三的，他开给了李四。

这种行为使国家受损失了吗？的确，国家的税收管理制度会受到一定程度的损害。但是，这已经和设立骗取出口退税罪时要保护的法益有了明显的区别。

现在，法院的生效判决基本上都还是把这种行为当成犯罪认定，而且数额往往很大，量刑可能很重，似乎体现不了罪责刑相适应。所以有的时候都是通过其他方法来处理，但是都不敢从本质上去判定这种行为不构成犯罪、可以通过行政处罚等手段予以解决。所以我觉得这个也是需要刑法修正的。

通过对这几个罪名的梳理：从投机倒把罪、非法经营罪，再到虚开增值税专用发票罪、骗取出口退税罪，特别是不久前修正的骗取贷款罪等，我们会发现《刑法》当中的很多罪名，由于社会发展得太快，已经跟不上形势了，但这些行为还是被认定为犯罪行为，所以必须尽快地对法律进行修正，以修正案的形式公布出来。不应当追究刑事责任的，就不要追究，免得在司法处理的时候又想认定为犯罪，又想判无罪，判无罪又怕是枉法裁判——因为《刑法》规定这是犯罪，怎么能判无罪呢？找其他借口，例如证据不足，又会产生其他各种问题。

这是我们在实践当中发现的刑法在具体实施过程当中产生的一些值得探讨

的问题，确实对我们公民的权利至关重要。有时候这个行为是一个应当肯定的行为，但按现行法律，却要把它当成犯罪。

作为法律从业者，我们有责任把实践当中发现的问题及时地提炼出来，反映给法律的制定者，让他们去发现、重视社会发生了哪些新的变化。

再比如说巨额财产来源不明罪，原来这个罪的量刑是 5 年以下，后来大家觉得轻了，因为立法的时候反腐的力度不够大，手段也不够严厉。有的领导了解法律规定，受贿 10 万元就判 10 年以上，《刑法修正案（九）》之前最高刑是死刑，受贿几百万元就可以判死刑。那有的人就被查出几百万元，问他钱从哪里来的他就不说，这些钱就会认定为非法所得。就算说是受贿，没有行贿人没有证据链，最后也定不下来，只能是巨额财产来源不明罪，最高刑 5 年以下。

但是后来发现当事人都这么搞，被查了 5000 万也是 5 年以下，有的人受贿 10 万元就判 10 年以上，甚至无期、死刑，不合理。现在这个巨额财产来源不明罪最高可以判 5 年以上 10 年以下，也就是说最高刑可以判 10 年。这样一来，实践中又发生了变化。比如说被告人已经被指控受贿 1000 万元了，还有 300 万元说不清楚，就给他又定一个罪名，这样一个 1000 万元受贿，再加一个 300 万元的巨额财产来源不明罪。受贿 1000 万元至少判 10 年，300 万元巨额财产来源不明是 5 年以上 10 年以下，可能判六七年，加起来可能判个 15 年。假如把 300 万元也说成是受贿，那 1300 万元可能还是 10 年，而且只有一个罪名，可能被告人干脆就全说是受贿。这就不是事实，而且可能冤枉所谓的"行贿人"。

总之，法律是一门充满智慧的学问，是一门解决具体社会问题的学问。可以说它是一门追求公正但又永远无法追求终极、绝对公正的学问。它是社会科学，更多时候是靠人的经验判断。刑事辩护，有时候要靠你的智慧，不能够单纯地从纯粹的刑法理论去辩护，理论上的有些东西有时是无法解决有些案件的，所以我们一定要根据形势的变化和案件的具体的特点，确定自己的辩护思路。

执：系统性辩护

破解生死的密码

一、我国死刑案件的辩护现状

我们做律师的应该都知道，在目前我国的《刑法》中，死刑的罪名还是比较多的，而我们刑事辩护律师在死刑案件的辩护中，所做的其实还是不够的，这有一部分原因在于缺乏相应的专业的训练，另外也可能是因为缺乏长期的经验积累。

我们在实践中经常会发现，很多死刑案件的辩护出现了令人难以想象的一些现象。例如，有个死刑案件的辩护律师与当事人的会见只有不到一支烟的工夫，他在会见过程中对当事人说："你这种罪名可能是要被判死刑的。"当事人跟他说："我是冤枉的，我没有干这个事情。"这个律师却说："你是冤枉的，你跟我说没有用，等你死了之后，让家里人再给你申诉去吧。"这是我遇到的案子，真的有这样的辩护律师。还有一个死刑案件，辩护律师中午喝酒之后去会见他的当事人，然后会见的时候就睡着了，一直睡到下班，那个看守所的管教干部来锁门，那个当事人还一直在喊："律师，律师，下班了，你醒醒。"这也是我办案中遇到的当事人跟我讲的事情，当然，后来这个律师也跟当事人当面赔礼道歉了。

这样的辩护方式，对一个可能被判处死刑，甚至一审已经被判处死刑的当事人来讲，到底意味着什么，我们完全可以想象得到。其实，我们在对死刑案件辩护质量的研究过程中，确实会发现一些令人难以想象的辩护方式，问题还比较严重。比如我们在中国裁判文书网上检索相关死刑案件判决书的时候有一个重大的发现，十分值得关注：曾经有一位律师在一个省内，两年时间做了31起死刑案件的法律援助辩护，平均一个月1.3件。我们通过对比，发现他的辩护词基本上是一样的，"辩护人认为本案事实认定清楚，证据确实充分，定性准确，量刑恰当，建议省高院维持原判，核准被告人死刑缓期二年执行"。你很难想象这样的辩护词居然是一个较为著名的律师事务所的一个合伙人律师做出来的，而不是刚执业的律师或者是小所的律师做出来的。

我常常在思考，对一个重大的死刑案件的辩护，律师应该以一种什么样的姿态出现？我认为，第一，要有一定的专业知识；第二，要有相当的办理刑事案件的经验积累。毕竟死刑案件的辩护责任的确十分重大，很可能因为你稍微的疏忽，被告人就会被判处死刑。

我代理申诉的一个案子，被告人一审被判死刑立即执行，二审维持原判，很快被核准，被拉到刑场前打了一针封闭，但在准备开枪的过程中，这个人在刑场上一直不停地喊冤，使出全力地拼命挣扎。因为他的这种抗争，在行刑人即将扣动扳机的那一刻，有一位神秘的老人出现了——一直到现在大家都不知道这个人是谁，可能是某个领导，说这个案子可能有问题，就决定暂停执行。这个人被带回看守所之后，时隔3年才被"低调"改判死缓，直到现在还在监狱里，已经20多年了。我去见了这个人，在检察官的陪同下跟他聊了一上午。检察官就说："这个人在这里关了20多年，今天他讲的这么多的故事有些连我都不知道。"他说来了好几个律师，也都会见过，但他们从来都不问案件细节。我就问当事人："警察有带你去指认过杀人现场吗？"他说："没有啊。"我问："让你看被害人的照片了吗？"他说："也没有，就是画了一个人给我看。"我说："那你到底有没有杀人呢？"他说："我当时在老家干活，怎么可能跑到另外一个省里去杀人呢？"我说："那你不在场的时间，你的律师没有提出来吗？"他说："反正我也不知道，当时也不懂，我的第一个律师来了，没有让会见，他就回家了；第二个律师是指定的，他来了，就告诉我，说我这案子可能要判死刑，等我死了以后让家里人帮我申诉吧。"好在那个扳机没有扣动，所以这个当事人现在还在监狱里面申诉，但他已经服刑 20 多年了，现在的状况还是无期徒刑，还没有减到有期徒刑。

我跟检察官说，减为无期后，经过 20 多年的服刑，即便不减刑，不假释，不平反，也差不多该出来了。由于没有负责任的律师帮他维护权益，没有人为他的案件奔走，所以出现了这样的情况。因此，我们觉得很多当事人其实真的很需要有实质意义的法律援助，需要一个专业的律师去帮助他。但有些法律援助的律师就只是走过场，比如那个当事人之前的律师，当我们想把这个案件进一步挖掘一下，想找这个律师去提前会见一下时，这个律师不去，他说法律援助费就那么一点，他再跑一趟就亏本了。你可能会认为，既然提供了法律援助，还要计算成本吗？但这就是实践中存在的问题，我们经常会很纠结，也很痛心。正是因为我们看到了那么多的冤假错案，看到了那么多的死刑案件的当事人因为没有专业的、有经验的律师提供刑事辩护而被判处死刑，惨剧无法逆转，我们才急于对死刑案件的辩护进行深入的研究。在此基础上，我把死刑案件的辩护大致分为以下几类，下面分别来说。

二、事实清楚，证据确实、充分的死刑案件及其应对

事实清楚，证据确实、充分的死刑案件意味着什么呢？就是当事人的犯罪行为触犯的罪名是可以被判死刑的，而且犯罪的事实是清楚的，证据也是确实充分的。也就是说，当事人被判死刑是没问题的。

对这样的案件我们应该怎样去辩护？这里可能就涉及一个价值取向的问题。

《刑事诉讼法》规定："辩护人的责任是根据事实和法律，提出犯罪嫌疑人、被告人无罪、罪轻或者减轻、免除其刑事责任的材料和意见，维护犯罪嫌疑人、被告人的诉讼权利和其他合法权益。"

基于这样一种价值观，辩护人所做的工作，就是要想尽一切办法，在合理合法的框架之下，拯救当事人，往无罪或罪轻的方向辩护。这种情况下有人可能会问，律师怎么总去替"坏人"说话呢？其实这样的一个话题已经很古老了，我们也不用过多地去研究、去解释。你只需要记住法律的明文规定，记住辩护

人的职责就行了。你要知道，你就是干这个事情的，你就是要找他无罪、罪轻或者减轻、免除刑事责任的材料和意见的，这是你的职业定位的需要。明白了这一点，即便犯罪事实清楚，证据确实、充分，我们也要尽量寻找被告人不该被判死刑的事实和理由，这就是量刑辩护的问题。

在我国，尤其需要关注刑事案件的量刑问题，因为历史上存在的重刑主义传统，使得一些司法机关难以避免地奉行"疑罪从有"的推定原则。这导致很多的案件实际是被重判了。但是，一起可以被判死刑的"犯罪事实清楚，证据确实、充分"的犯罪案件，就一定要判死刑吗？并非如此。

大家不妨回想一下，这几年引起社会舆论关注的几起死刑案件，我们会发现，类似的案件有的被判了死刑，有的就没有被判死刑。比如，典型的城管被杀案件有两起，夏俊峰案和崔英杰案，性质基本一致，但一个被告人被执行死刑，另一个被判处死缓。还有一些因为拆迁问题，被拆迁人捅死拆迁人的案件，有被判死刑的，也有被判10年有期徒刑的。为什么同样性质的案件都被定罪，而且罪名一样，案件性质、后果和影响也都差不多，量刑结果会有那么大的差距？这就值得我们思索，辩护人在这里面起的作用到底有多大，或者说辩护人是否采取了有效的辩护，这都值得我们研究。

对于这种事实清楚，证据确实、充分的死刑案件，到了我们辩护律师的手里，首先要考虑的就是一定要想办法救他一命。且不说救人一命就是拯救这个人的家庭，单从技术的层面，也要考虑有没有能力在"犯罪事实清楚、证据确实充分"的案件中，找到被告人不死的"解药"。我觉得我们可能需要从介入案件第一步的会见开始，很多案件就是在会见的时候发现案件是有问题的，所以会见其实是至关重要的。

我们的经验是，每一起重大的、可能被判处死刑的案件，**主办律师必须要亲自去会见，而且要多次会见**。在条件允许的情况下，我的建议是能见几次就见几次，甚至说当事人要求你见几次就见几次。事实上，很多人是做不到这一点的。我们知道很多律师由于时间的关系，以及工作的安排，对很多案件，可能没有那么多的时间去安排会见，或者只会见一次，还可能只是时间很短暂的会见，履行一下相关的手续。我认为，这样是远远不够的，并非"犯罪事实清楚、证据确实充分"的案件就没有能够发现的问题或提出质疑的余地。

我们的经验是，没有问题也没关系，关键是在会见这个可能被判处死刑的人时，就让他放开了说，不要预设立场，**尤其是第一次会见的时候**。因为会见的问题提纲可能来自于阅卷时需要核实的问题，绝大多数的律师都是这样的流程：先交手续，后复制案卷，然后阅卷，在阅卷中发现问题后，带着问题去会见当事人，再跟当事人做一些核实和交流。我觉得这样做只能算是一个基础性工作，还远远不够。我们一般的经验就是在会见死刑案件的被告人的时候，一般不去跟他谈案卷中的问题，而是先跟他聊聊人生，谈谈理想。第一次会见你就让他放开了说，想到哪里说到哪里，不要考虑对他的指控，也不要考虑为自己辩解，就是把这个事情的前因后果，把他的想法都让他说出来，引导他想到哪里说到哪里，不设定范围。当然，这个会见时间可能会很长。

有一个当事人，我连续会见了 5 天，整整一周的工作日下来，你会发现，第一次闪现在你脑海中的几个问号根本就不是重点，聊着聊着你就会发现很多问题。所谓的"事实清楚"，其实并不清楚；所谓的"证据确实充分"，其实是有疑点、有矛盾而无法排除合理怀疑的。这样的会见，其实就为我们后面的辩护打下了很好的基础。

我曾会见一个一审已经被判死刑的被告人，他涉嫌故意伤害致人死亡，而且是两起事实，事情的确与他有关，他也没有异议。很多人觉得这个案子还有什么可辩护的呢？"犯罪事实清楚，证据确实、充分"嘛，看案卷，被告人对相关的案件事实都承认，他承认去了犯罪现场，承认参与了打人，也承认这个人最后死了，包括鉴定意见显示被害人是颅脑损伤导致的死亡，还有证人证实看到他打被害人了。很多律师基于这些所谓的案卷材料，就觉得这个事实是清楚的，毕竟被告人承认是他打的被害人，有证人证明被害人是他打的，有鉴定意见证明被告人打人的行为和被害人死亡是有因果联系的。然后根据《刑法》的犯罪构成要件，认为这个罪名已经成立，觉得这起案件似乎没有辩护的空间。

而我们在会见他的时候就跟他聊，聊着聊着就发现，打人的不是他一个人，是 5 个人，但是那 4 个人去哪儿了呢？起诉书里其实有，括号里边写了"另案处理"。很多律师不注意另案处理，**另案处理其实非常重要**。5 个人打一个人，导致这个人最终死亡,为什么另外4个人是另案处理?另案处理是怎么处理的?

　　根据最高人民法院的规定,另案处理,可能是因为审理期限的问题,也可能是因为人未到案的问题,总之得有一个法定理由才另案处理。而且对死刑案件的共犯,在共同实施犯罪的其他人没有到案的情况下,这个事实怎么说得清楚呢?没有其他人的供述,怎么能够说对一个事实的认定是准确无误的呢?而即便这些事实是清楚的,那责任呢?这5个人的责任都是一样的吗?一个人因故意伤害被打死,一定要把打人的5个人都判处死刑吗?一般情况下不是这样的,这种案件首先要弄清楚致命伤是谁造成的。

　　我们研究大量的死刑案件,比如故意伤害致死或者故意杀人这样的案件,基本上有一个共同的规律,就是一个人被打死,一般情况下,法院最终往往只会判一个被告人死刑,很少有同时判另外几名被告人死刑的。这里就涉及谁责任最大的问题,是你的当事人吗?不一定。即使是同一个案件中的被告人,也不一定,何况有可能还有人未到案,还有人是另案处理,另案处理就是有可能还没处理,也有可能是已经处理,这都需要我们去搞清楚。

　　我们再回到刚才举的这个例子,5个人打一个人,这个人死亡了,这样一个事实,我们发现"另案处理"其实是已经处理了,但一审律师并没有注意到已经处理的那4个人是怎样处理的,也没有细究那4个人到底是怎么判的,以及那4个人跟他的当事人之间有什么样的关联性。二审时我们就去调取了大量的证据,把另外4个人另案处理的案卷材料和判决书调了出来,经过分析比较,发现在另外4个人的判决书中,最高的量刑判了15年,最低的判了8年,还有一个14年和一个10年,而我们的当事人却是死刑,在这种情况下你没有疑问吗?作为辩护人,应当思考为什么你的当事人会在15年有期徒刑以上的刑罚中,越过无期徒刑和死缓而直接被判死刑立即执行?我们起码应当尽力在8～15年有期徒刑的幅度内为他辩护,甚至说我们能不能给他辩护到最低的8年以下呢?因为故意伤害致人死亡的法定刑最低是10年以上有期徒刑,但共犯里的从犯是可以减轻处罚的。

　　这里的辩护空间就非常大了,应该怎样去解决?在辩护的时候仅仅跟法院说,另案处理的4个人最高才被判了15年,而我的当事人被判了死刑,我们认为量刑过重？这样说也不是不可以，但缺乏力度，因为法官有自由裁量权，他会认为被害人是被这 5 人打死的，这个事情他是参与了的，他就应该被判死刑，也不违反法律的规定。至于另案处理的 4 个人被判处 8 ～ 15 年有期徒刑是另外一个法院作出的判决，每个法院会在法定量刑幅度内有自己的自由裁量权。

仅仅将判决书调出来出示给法官肯定是不够的，我们作为辩护律师要将另外 4 人的判决书和两个案件的案卷结合起来，把同案被告人和自己当事人的罪和责做细致的对比，从中提炼出来一些有用的信息。

什么信息呢？案发时的打人现场到底有哪些证据？分别能证明什么样的事实？我的当事人在这些证据中被锁定的情节是什么？对此，我们会做一个相关信息的比较列表。其中，第一个关键信息是起因，是谁让这 5 个人去打这次架的？是张三、李四叫我的当事人王五去的，王五是被叫去的，这个事情的起因不在他。第二个关键信息是谁先到场。张三先到，李四后到，我的当事人最后到。第三个关键信息是王五究竟打人了没有。然后比较相关的证人证言，发现 8 份证人证言都证明，这 5 个人都打了这个被害人。当然这样还不够，还要再进一步分析每个人都是怎么打的，要研究证人证言里边的细节。证人甲说他看见张三拿一个枪托打被害人的头，把那个人打趴下了；证人乙说他也看见张三拿了一支枪往那人头上砸；证人丙也说，打得最凶的就是那个张三，一直往头上打。最终我们通过全面的比较发现，8 个证人都证实 5 个被告人全部打了被害人，但是 8 个证人证言都证实张三和李四打了头，王五打了胸部，没有一个人说我的当事人打了头部，同时我的当事人本人也不承认打了头。而鉴定意见证实，被害人是颅脑损伤导致死亡。这样一比较，我们在法庭上就可以跟法官讲得非常清楚，打被害人头的行为导致被害人颅脑损伤最终导致其死亡，实施击打被害人头部行为的被告人最高只被判了 15 年，而没有证据证明实施过击打被害人头部行为的我的当事人却要被判死刑，这个道理肯定是说不过去的。而且这其中还有很多有关量刑的情节。我的当事人在事发当天是被叫去吃饭的，既不是最先到的，也不是为了打架而去，并且我的当事人中途接了个电话提前走了，这在犯罪动机中可以有考量。另外，与另案处理的 4 人相比较，虽然不是同一个法院作出的判决，但却是同一个省的法院判的案件，尽管不同法院可以在法定量刑幅度内一个轻判一点，一个重判一点，但绝不能够在犯罪情节轻的条件下判重、犯罪情节重的条件下判轻。因此，另案处理的4名被告人都没被判死刑，为什么给我的当事人判死刑？

这样的论证可能就比较有力。作为辩护律师，没有大量的准备工作，没有精细到这种程度，法官是很难理会你的，更何况是涉黑案。

实践中，法官往往最担心的是真正的冤假错案，尤其是那种真凶出现、亡者归来的案子。如果一个案子，法官认定这个案件的犯罪行为就是这个人实施的，而且《刑法》规定这个行为是可以判死刑的，特别是案件还有一定社会影响的，那法官就敢判死刑。在"重刑主义"的影响下，只要在法定量刑幅度内，你便很难去说服法官改判。但是上面所列举的这个案子，我们就是在会见时聊着聊着才发现案卷中没有的案情细节，从而有了辩护的思路的，这都是在跟他聊天的时候才发现的。但这个聊天一聊就是5天，你能做到吗？

在二审期间，我们就申请法院去调取相关的证据，法院调取证据之后也发现案件有问题，然后就一再延期审理，在延期审理期间我们还是去会见。很多律师在这个阶段就不会见了，觉得会见一次浪费人力、物力，耽误他再接一个案子的时间。我有一个理念就是，一旦律师接手了一个案子，就应该认真去办。没时间就不接，不要接了之后放到手里，积攒一箩筐的案件，天天安排助理今天见张三，明天见李四，到最后开庭的时候连当事人是谁都弄混淆了。

还有一个二审阶段请我辩护的死刑案件，罪名是故意杀人罪。在跟当事人会见的时候，聊着聊着，他说："其实还有一个证人，他如果能出庭作证，就可以证明我当时其实不在案发现场。我有一个朋友就在案发那一天从外地坐火车来看我，我早上去火车站接他，并且领着他一家四口，安排酒店，安排吃饭，陪着他们在市里边转了一圈。"他还说这个人很多年没有联系了，也不知道他愿不愿意出庭作证，还有他的身份也比较特殊，是一个警察。但是，当事人之前从来没有讲过这样一个事实，案卷中也完全没有这样的记录，这是聊天的时候，聊到他平常的朋友圈子才偶然提及的。他说："其实我这个人还是很讲义气的，很多年以前，我在那个地方服刑的时候，有一个管教干部对我不错。所以刑满释放之后，我做企业做大了，就要报答这些对我不错的人。这个管教干部说要到我们这里的旅游区玩，我就一定要把他们接待好，把他们家里人的吃住安排好。"

他这么一说，我觉得这里就有一个重大问题，如果真的像他所说的那样，不就是有确实的不在场证明吗？这就是一个非常重要的证据！可是为什么他之前从没说过，律师也没问过，法庭审理也没查明，一审就判死刑了？

之后，我们再去跟他仔细聊，问这个人现在在哪里，他说不知道，反正十几年没联系了；问他有联系方式吗，他说没有。我们接着追问："那你知道什么？"他只能提供给我们这样一个线索，一九九几年他在某某监狱当管教干部，叫什么名字。我觉得很多律师就会认为，这个人既找不到，也没有联系方式，而且人家本身是个警察，十多年都没联系了，怎么会来给你一个故意杀人案的黑老大作不在场证明？万一将来出现什么问题呢？

有些人会自己给自己设置很多证人可能不愿意作证，以及这样或那样的障碍，可万一他们愿意出庭作证，或者万一他们真的还有什么证据可以证明那一天当事人真的不在案发现场呢？这就需要律师去做工作，不能放弃！因为这涉及一个人的生死，也许一个人的证言，就能把当事人的命保下来。于是我们通过各种渠道的信息检索，甚至还穿越沙漠，越过茫茫戈壁，去到几千公里外大漠荒原里的监狱，发现这个人已经换了好几个单位，都退休了。好在苍天不负苦心人，几经辗转，我们找到了这个证人。他还记得我的当事人，也还记得那一年去过那个地方并得到当事人的接待，但不记得具体是哪一天了。我们就问他当时为什么要去那里呢？他说是单位组织的旅游，还可以报销，而且的确报销了。既然报销就一定有发票啊，单位会计档案保存 25 年，那就一定可以找得到。我们又去他之前那个单位，找到财务，就找他对应的报销发票，发现里边果然有一张火车票，而火车票上的到达时间就是案发那一天早晨！我们如获至宝！我把这些证据复印固定下来，交给法院，其实也就基本上没问题了，毕竟有一个跟本案没有利害关系的偶然来玩儿的人可以证明这一天当事人不可能在现场，而且他一家四口都可以证明。如果说记忆可能不准确，那还有火车票可以证明。这一切足以说明指控他那一天在案发现场指挥打死人的事情是不存在的。

而这一切信息，尤其是可以证明他当时不在案发现场的证人，如果不会见，不跟他聊天，聊他的成长经历、过往历史，不听他聊起他的朋友圈子，你就不可能发现。所以说，很多有价值的线索都是在会见时聊出来的，因此**要广泛地聊，不要设定边界地聊**。

还需要注意一点，**律师要对当事人投入一定的情感**。很多辩护律师，包括一些比较有名气的辩护律师，在给年轻刑事辩护律师做培训的时候，惯常用的话就是"刑事辩护有风险""刑事辩护律师要超脱""刑事辩护律师一定不能对案件和当事人投入感情"。我对这三句话是持完全相反观点的，我认为刑事辩护律师不能够超脱，必须对你的案件和你的当事人投入巨大的情感，因为这是一场生命的博弈。如果律师只是走个过场，去会见做个会见笔录，然后开庭时就说这个案件事实不清、证据不足，说当事人是初犯、偶犯，需要从轻、减轻处罚等，这样的辩护效果其实等于零，还不如叫当事人在法庭上哭诉自己对不起党、对不起人民，对不起被害人，说自己罪该万死……然后说他愿意赔偿更有效果。

律师办案的时候，为什么说对案件和当事人要投入情感呢？因为不投入情感，你就不会投入这么多的精力。刑事辩护是一个"良心活"，没有可以考量的标准，也不可以做量化的处理，可能有个最低的工作标准，但没有最高的工作标准。而我觉得死刑案件的辩护，律师一定要拿出最高的辩护标准，尽可能多地去会见当事人，要相信每一次会见都会有不同的收获。有些人说，每次会见的内容都是一样的，没有什么新的内容，那是因为他没有善于发现问题的眼睛和竭力挖掘的质疑精神。

如果有了这种热情，每一起案件拿到手的时候，不管他们说的事实是否清楚、证据是否确实充分，你自己必须相信这案子一定是有问题的，一定是能找到一个关键节点的，可能临门一脚，就会起死回生。许多案件往往就是这样，会见的时候，律师通过跟当事人不停地谈论各种与案件相关，甚至不相关的事情，往往就能够发现一些起死回生的密码。

比如有一起简单的故意杀人案，是一个律师咨询过的案子。被告人一审被判处死刑，二审维持原判，律师在死刑复核阶段介入，发现事实清楚，证据确实、充分，没有问题。案卷里面所有的材料都证明被告人应该死，但是我们就是认为他不该死，想救他一命。在这种情况下，就得找理由，法定理由找不到，就找道德理由，道德理由找不到，就找情感理由。

也是在会见的时候律师了解到，这个人是外地的一个农民，在北京摆地摊卖菜，家庭离异，唯一的女儿在老家的中学上学，成绩是全校第一名。他在北京卖菜，每年能赚三四万块钱，自己舍不得吃、舍不得穿，都拿来供这个女儿上学，希望自己的女儿能好好读书，以后有一个好的前景。

后来这个人认识了一个女孩，由于他离婚了，独自一人在北京打拼，后来就跟这个女孩产生了感情。他对这个女孩很好，原来挣的钱全部寄回去给女儿，现在就把绝大部分钱留下来给这个女孩。再后来这个女孩就让他把所有的钱都给她，她就跟这个人结婚。然后他就真的把自己十几万的积蓄全部给了这个女孩，结果第二天女孩就失踪了！这可是要命的事情啊，他女儿现在在上学，以后还要继续上大学，而且他自己打拼多年省吃俭用攒下的钱，一下子被一个人全部骗跑了，他觉得很气愤，一定要找到这个女孩。

他根据以前所了解到的信息，找到了这个女孩的老家。非常巧的是，那一天这个女孩正好在老家举行婚礼。这个人看到自己付诸情感的对象拿了他的钱跑去跟别人结婚，顿时怒不可遏，冲上去执意要一个说法。婚礼当天男女双方家里有很多人，一看这个外地人跑到这里来闹，就反过来把他打了一顿，他见打不过这么多人只好跑。结果对方还不作罢，一帮人又追来。混乱之中，不知道他从哪里拿出了一把刀，在混乱的情形下就捅死了一人、重伤一人，还轻伤两人。法院因此认定他构成故意杀人罪，一审判处死刑，二审维持原判。

也许有人会质疑，这个案子事实不清，因为刀不是他带来的，可能是他被打时抢过来的，但这个既没有监控录像，其余几十个人又全部是对方的人，都说他是带刀来的，又怎么能够说得清楚呢？那律师就应该考虑除此以外是否还有其他途径。法律上其实没有空间了，但情感当中有空间。分析情感当中要打什么牌，打道德牌？说他好不容易卖菜赚那么一点钱，却被一个女孩给骗了，他去要钱，别人还打他？这个力度似乎并不够大，因为法官会觉得，你招惹人家女孩在先，钱也是自愿给的，就算被骗也不至于要杀死一人、重伤一人还轻伤两人。这个后果是相当严重的。

那是否能打情感牌呢？他有一个上中学的女儿，父女情深，而且女儿的成绩是全校第一名。律师就让他女儿给法官写信救救她爸爸。她在信中写到，爸爸很可怜，跟她妈妈离婚以后，就一直在北京卖菜，风餐露宿，省吃俭用，几乎把所有的钱都寄给她供她读书，她自己也拼命努力学习，期望有一天能够报答她的父亲。此外，律师还找到学校，把她每学期的成绩单打印出来，找老师写证明。这还不够，全班 45 名同学每人都帮她写了一封求情信，说他这个女儿学习刻苦，成绩优异，父亲吃苦耐劳在外奔波，现在被人骗光了钱，还被判了死刑，那这个未成年的小女孩将来要怎么办呢？毕竟她父母已经离婚，她由爸爸抚养。我们觉得这里就是一个突破口。

有人也许不赞同这种辩护的方法，说这都不是法律上的问题，也不是律师应该做的工作。那我们要回想一下，律师应该做什么？

对于死刑案件，律师首先应该做的是保命，只要你是合法合理地去做，都是没问题的。那你说让他女儿的班主任给最高人民法院的法官写一封信，这是违法的吗？不违法。这是领导干预案件吗？也不是。那就写嘛，一封不行写两封、三封、十封，天天写，到最后最高人民法院就真的不核准了。那你说是律师的法律功底深厚吗？我觉得在这个案子中体现不出来。那是说律师有什么我们没看到的"勾兑"吗？也没有，涉案双方都是农民，案件就是打架，没有任何的社会影响力，悄无声息的一个案件，也许死了就死了。

假如在会见当中不跟他聊，就不可能了解到他与女儿相依为命的生活状况。这都是在跟他聊天的过程中发现的线索，是案卷中发现不了的。对普通的案件而言，常规的辩护模式可能没有大的问题，但对死刑案件来讲，越是规范的操作模式，可能反而越起不到太大作用。我们回想一下，一些知名案件，事实很清楚，社会上的关注度非常高，最高人民法院也很重视，律师也很知名，可最终的结果，当事人还是被核准了死刑。有人说有些案件判得重就是律师闹的，但很多案件的律师没有闹，律师非常低调，甚至在很多场合表达出对法院慎重审理案件的高度赞美，最后却依然判了死刑。只是这些律师不说，他们自己不说，别人也不知道。

有些案件，你不要以为不发声，消极地等待，就可以解救你的当事人，不是这样的。重大案件你要穷尽一切手段，开启自己所有的智慧，打开全部的通道，日日想，夜夜思。所以在很多时候，我手头的一个案子没结就不想接下一个，总想先集中精力，穷尽一切方法把这个案子办好。因为我始终认为一个重大刑事案件，特别是死刑案件在你的手里，如果你还留有余力，最终没能挽救当事人的生命，会是最大的遗憾。所以在很多的案件里，你要想一想，在没有任何退路的情况下，是不是尽到了全部的努力？包括用尽所有的法律的方法，以及一切合理的路径，甚至像刚才我所讲到的道德层面、情感层面，如果你都用尽了，最终还是无力回天，那你还要再想办法，看能不能再拖一拖，拖一拖也许又会有新的转机。

你在会见的时候可以多让当事人讲一讲。比如在某个案件里，我问当事人："假如你自己给你自己这个案子判刑，虽然说事实清楚，证据确实、充分，但你觉得你有不死的理由吗？"他说："我觉得我不应该被判死刑啊，那某某某的案子比我这个后果严重多了，他才被判了一个死缓嘛，还有某某杀了两个人，也才被判了一个无期。"你一听，就要引起重视，因为他说的是他老家那里，旁边一个村子发生过的一起案件和他家临县地方发生的另一起案件，的确是他说的这种情况。虽然那两个案子跟本案毫无关系，可你应该想到，同是一个地区发生的案件，为什么那两个情节更严重的案子才被判了死缓或无期呢？你不觉得应该去研究一下那两个案件吗？我们觉得这还是可以做一些努力的。

于是，我们就想办法把那两个案子的案卷和判决书调出来，可能发现真的跟他说的一样，同样的性质，同样的罪名，一个死缓，一个无期。再把判这几个案子的法官找出来，你又惊奇地发现，竟然都是一个法官判的，而且几乎是同时判的。这里问题就出现了，在同一个时期内，同一个地区，同一个法官，为什么对性质相同的案件判决差距那么大？这个时候我们会本能地要进行进一步的拓展研究。怎么研究呢？可以去做社会调查。对一起重大案件而言，需要到案发地现场去做调查，调查这个人的生活背景、社会评价和他的为人。

这个有用吗？就像我刚才说的，有时候是有用的。

调查中，你可能会发现，当地很多人都说这个法官平时量刑还是相对比较轻的，就是因为他跟这一家有矛盾，所以判得这么重。有什么矛盾呢？原来是因为在农村老家，法官的一个亲戚跟这个当事人的一个远房亲戚是邻居，他们因为农村的宅基地纠纷打过架。此案案发以后，到了这个法官的手里，他也不具备法定的回避理由，而且这种小事也没有多少人知道，这里边也许会有突破。我们再把这个法官同时期判的案件拿出来做了一个对比，发现同样性质的，最高的判了死缓，最低的判了 15 年有期徒刑，而这个案子的情节在这些案件中并非最恶劣的，反而被判了死刑立即执行。那唯一可能产生差异的原因就是他们两家亲戚间的这种纠纷，因为有时候人受情感因素的内在影响而产生的价值判断倾向是说不清楚的。但这样的事实是证据吗？不是。是线索吗？也不是。这几乎就是捕风捉影。但你也要提出来，把它做成一个报告反馈给死刑复核的法官，同时找证人证明之前打架的事实。最高人民法院的法官跟作出判决的法官也没有亲戚关系，一看这个法官做得真是有点过分，至少他第一反应就是量刑有问题，最后可能不予核准。这就属于事实清楚，证据充分，但量刑有空间的情况。

通过以上的几个例子可以发现，当事人起死回生的密码，往往并不在案卷中，而是出现在律师与当事人的会见之中，在会见时的聊天之中。古代就有所谓的"五听"断狱，有时候你也可以在聊天中察言观色，比如你问他："这个案子到底是不是你干的？"你要看他怎么表现。如果我们跟他说："这个案子我们努力一下，看能不能保住命。"此时，有的人反应非常激烈，把桌子一拍，什么？保命？这个案子我冤枉啊！这就是我要说的第二种情况，即事实不清、证据不足的死刑案件。

三、事实不清、证据不足的死刑案件及其应对

事实不清、证据不足的死刑案件，对我们来讲，辩护的空间就会更大一些。我们的工作就是要去**放大它的事实不清，放大它的证据**不足。怎样放大？我觉得有几点是可以做到的。

首先，任何一个事实都是需要用证据来证明的，但即使是相同的证据，通过构建不同的证明体系，得到的结论往往也是不一样的。这就如同我们用同样

的七巧板，可以排列出完全不同的图形。七块板，在你的手里，你可能会拼出一匹马，但到另外一个人手里，就可能拼出一所房子的模样。证据是一样的，只是你用不同的排列组合方式，或者用不同的层次和不同的视角，得到的结果就不一样。这里就涉及公检法的"有罪"思维和辩护人的"无罪"思维的区分。任何一个案子到了公安局，办案人员可能首先会想到怎么样调查收集证据之后确定罪名移送到检察院，检察院经过审查后起诉到法院，公安机关、检察院的程序都走完了，就看这个罪名准确不准确。他们的工作往往是想办法把一个"犯罪嫌疑人"变成"被告人"，把一个"被告人"变成"犯罪分子"。在这样一种工作思维的指导下，实践中可能会有很多不构成犯罪的案件当事人被定罪，很多民事纠纷被定性成刑事犯罪。

大家可能注意到了，近几年媒体报道的无罪辩护的案例明显多于之前，而且判无罪的案例很多是合同纠纷被当成合同诈骗，后来又改成无罪的。这说明什么？说明有罪思维现在又回潮了，把合同纠纷当成诈骗，或者以刑事追诉的手段去介入经济纠纷，这是 20 世纪 80 年代很多地方公安机关的一种习惯性做法，后来随着法治的进步，这种做法有所减少，但是这两年又有点回潮。这同时也说明公检法一直就有一种"有罪"的思维定式，没有有效制约的话，就容易反弹。相应地，我们作为刑辩律师就要培养自己的无罪思维，任何一个案件到了你的手里，你一定要想，**这可能是一个无罪或者罪轻的案子，然后按照这个思维再去检视它的有罪推定**，这样才能找到我们需要的东西。

比如，我曾办理过一个律师涉嫌诈骗的案件，但是抓这个律师的时候，是以涉嫌掩饰、隐瞒犯罪所得罪抓的。作为一个专业的法律人士去看这个案件，你会觉得荒唐至极。

这个律师接受了一起毒品案件当事人妹妹的委托，在侦查阶段介入，公安机关不让会见，然后一次不让会见，两次不让会见，三次、四次……十一次，总共十一次不让会见。更让人难以接受的是，这十一次会见并非都是律师主动要去会见的，其中很多次都是办案人员让他去的，但是去了以后又说今天不行，明天再来；明天再去，办案人员又说下周五吧；下周五再去，就说下周一吧。这样接连拖延了十次，辩护律师就失去耐心了，说这案子他不办了！那个专案组长问："你说什么？"律师就说："我不办这个案子了！"好，就因为这一句话，第二天早上他就被抓了。

以什么罪名抓呢？警察发现律师每次来都开着一辆英菲尼迪车，经查是当事人妹妹的车。警察就觉得，是他妹妹的车，而他哥是贩毒的犯罪嫌疑人，他妹妹的车就有可能是她哥出钱买的，她哥出钱买的，律师去开，就是掩饰、隐瞒犯罪所得。这个逻辑也非常奇葩，但反正就是以这样的罪名把律师抓了。抓了之后警察还觉得掩饰、隐瞒犯罪所得罪只有3年以下有期徒刑，还不够重，于是又弄成诈骗罪，说律师收了20万元律师费是诈骗。理由是他律师费收得有问题。说他本来是甲律师事务所的律师，但冒充乙律师事务所的律师，这就是"虚构事实、隐瞒真相"，构成诈骗罪。这是怎么回事呢？原来是这个律师正在办从甲律师事务所转到乙律师事务所的手续，而且是他花钱把乙律师事务所买了下来，在这期间以乙律师事务所的名义开始对外承接案件了。公安机关说他的转所手续还没办完，他是甲律师事务所的，但以乙律师事务所的名义承接案件，那就是虚构事实、隐瞒真相，构成诈骗罪，当时可以判处10年以上有期徒刑。这个律师后来被羁押了一段时间，我们给他辩护，无罪释放了。

这说明什么问题呢？就是公检法机关的人看谁都像有罪的人，那我们律师就要反其道而行之，我们看我们的当事人哪一点都像是被冤枉的，看哪一点都觉得有辩护的空间。具体到死刑案件来讲，很多死刑案件，可能在会见的时候就能够确定有没有辩护空间。比如一个人被打死的案件，最常见的就是故意伤害致人死亡和故意杀人，但我们在死刑案件的辩护中，尤其要注意一些特殊场合发生的案件，公检法机关的人，包括我们一些律师，其实都不太注重有些特定场合下发生的案件。

有一个案子，因为两家的儿女谈恋爱发生纠纷，大年初二，女方带着几十个人拿着铁棍、铁锹冲进了男方家里，男方家里当时正有客人在吃饭。他们进去了之后，一阵狂扫，门窗俱破，砍倒了屋内多个人。在这个时候，男方那个主人躲过了砍过来的铁锹，从地上捡起了一把挂猪肉的铁钩，拿着这把铁钩把冲进屋里来的几十个人全部打跑了，其中有一个人被打伤了，跑到门口就死了。这样一个案件，检察院以故意杀人既遂起诉至法院，是要判死刑的。一审的律师只注意到这是一个正当防卫，但大家都知道当时正当防卫的案件认定是非常困难的，实践中也非常少。他没有注意到另一个细节，没有把这起案件中的正当防卫的前提分析到另一个法律概念上，即非法侵入住宅罪。

我大年初二在家里宴请宾客，你带几十个人冲进我的屋里来打架，且不要说打架，即使你带几十个人冲进我的屋里，我们在法律上也可以给这种行为对应一个罪名？叫非法侵入住宅犯罪。非法侵入住宅犯罪是什么入罪标准？未经允许，擅自进入，或者经要求退出而不退出的，就构成犯罪。只是在中国的传统习俗当中，很少有把这两条标准都符合的情况定为犯罪的，特别是农村，端着碗就到邻居家里去了，然后寒暄一下，你吃什么呀？看看你锅里就知道你今天吃肉了没有。那从理论上讲，如果主人不同意你进入你非要进入，或者要求你退出你拒不退出，那这是非法侵入住宅啊。由于我们的生活中存在这样一个传统，所以很多人忽略了这些特点。

我们就发现这个案件其实是值得推敲的，因为你只说你是正当防卫，他打你，你才打他，结果是他把你打伤了，你把他打死了，这是不好说清楚的。但是有一点是没有争议的，是他先打到你家里来的，这是不争的事实；你家的门被打破了，窗户也被打破了，你们家的亲戚也被打倒了几个，这也是事实；他是被你在你家的院子里打倒的，也没错。因此在讨论正当防卫的问题前，要讨论他打到你家里来是什么性质了。是犯罪。是犯罪就简单了，对于正在实施的犯罪行为的这种抵抗，你防卫有问题吗？至多是防卫过当的问题吧。

你老说他先来打，而没有上升到非法侵入他人住宅犯罪的高度，就很难说服法官。但是当你将对方带几十个人打到我们院子来的行为上升到正在实施的非法侵入住宅犯罪的层面，为制止这种犯罪行为把他们打出去，那就成立正当防卫，最终将人打死了顶多就是防卫过当，防卫过当总不能判死刑吧。法院最后认定这是不可以判死刑的，二审就给他改判了。

由此可见，你不努力想更多的办法，总是**依据惯性思维，跟着检察官的思维准备辩护方案，这样是不行的**。你必须从法律上找到一个突破口，而法律上的突破口就需要另辟蹊径。

事实上，很多刑事案件，我们永远都会觉得事实不清楚、证据不充分，为什么这么说呢？就是看你对证据的证明标准是什么样的要求。可能在学习刑事诉讼法的时候，很多老师会举这样一个例子，说刚才教室里进来两个人打了一架后又离开了，然后让每个同学都讲述一遍，谁先动的手，谁穿的什么衣服，可能十个人说的十个样。这里暗含的意思是什么？所谓的事实，其实是一个事后复盘的事实；所谓的证据，都是根据办案人自身需要去收集的；而所谓的结论，是每个人心中对案件事实的一个认知结果。因此，律师要做的工作，就是让法官站到你这一边，让他依据你对证据的把握和对案件整体情况的分析，得出和你的结论一致的结果，这是一项非常艰难的工作。所以说为什么我们要去放大事实不清和证据不足的部分？因为事实不清的话，你越放大，它的矛盾和疑点就越突出，就越不能得到充分印证。

大家会有这样一个经验，当我们把一张图片在手机上放大的时候，它会清楚一点，但继续放大，你就看不出是一张什么图片了。当你放到无限大的时候，它其实都变成马赛克的效果了，什么都看不出来了。刑事案件也是这样，把案件的相关事实无限放大——无限放大是什么意思呢？就是说，你认为这个案件事实有 3 个证据就够了，我认为有 3 个证据是不够的，需要有 15 个证据，因为 3 个证据之间要形成证据链条的话，只需要 3 个关联的勾结点，但这几个关联的勾结点仅是一般的关联，而不是没有任何破绽的关联。如果经过不断的细分，你会发现，在中间可以插入很多的细节，一旦插入相关细节，就会发现有些细节是没有办法用证据来证明的，或者有个证据是非法的，就等于是**把两个主要证据之间的连接给切断了**。对于很多案件，我们就是要做这样的工作。

比如，张三看见李四那天在现场拿刀砍了一个人。一般认为，张三作为证人提供证言证实了，被告人也承认了，这就足够了，但这其中没有其他疑问吗？如果你问张三那天他是几点到现场的，他可能说不清楚，基本上没人能记得清楚。当然这里又涉及发问的技巧。假如你已经大致了解了是 8:10 发生的案件，你如果问证人："你是 8:10 到的吗？"他肯定会说："是的，差不多就是 8:10。"你要这么问，就会得到不利于辩护方的证人证言，这个方式可能被认为是诱导式发问。那你可以换个方式来问，比如，你可以问："请问你那天是早上还是下午到达的现场？"如果距离案发的时间很长，他可能就记不清了。你可以说：

"记不清了没关系，我再问你，10月8日你在哪里？10月9日你在哪里？10月10日你又在哪里？"这样他就更记不清了，他既然都记不清楚了，那他还能确定案发当天的几时几分发生了什么案件吗？如果没有监控录像或其他证据予以佐证，被告人又不承认，这就是事实不清。

所以当我们**把证据之间的关联性切成无数的细节，然后抓住其中一个细节，将它放大，再提出或证明它存疑，法官就会觉得这个事实是无法确定的，**他就会慢慢动摇。法官看案件，其实并不是在看案件，而是看案卷。作为刑辩律师一定要有一种意识，案件并不等于案卷，案卷也绝不等同于案件。但在法官眼里，很多时候案件就是案卷。他不像侦查机关那样全程参与案件侦查，对全案的事实和证据心里有数。大多时候，一起案件有没有问题，侦查人员心里往往是有基本的内心确信的，尽管《刑事诉讼法》对侦查终结、审查起诉、提起公诉等各个环节的证明标准有明确规定，但实践中并非每一起案件的具体情节都完全达到了相应程度的标准。这样一来，他们处理的很多案件可能不一定事实都完全清楚，也给认定了，疑罪从无也变成疑罪从有了。而我们需要做的就是动摇法官心中对案件事实的一种确信。如何动摇？就是我刚才说的，把他们认为清楚的事实放大，让他们看不清楚。法官认为证据确实充分的，我们就争取将更充分的证据糅进去，以证明这个案件的证据其实并不确实、并不充分。

什么样的证据能证明一个犯罪事实的发生呢？其实，侦查人员心中有一套标准，检察官心中有一套标准，法官心中也有一套标准，我觉得我们辩护人心中也必须得有一套自己的标准。遗憾的是，很多辩护人在接触案件的时候并没有在心中形成这样一套证明标准。就是说，如果我的当事人要被认定为起诉书所指控的罪名，我要知道至少、必须有哪几个方面的证据来说服自己，那我就要去找案卷中的证据，但往往找着找着就发现案卷中其实并没有相关的证据或者说证据的证明力度并不够，这就是我们可以辩护的空间了。

我们律师界的很多人总是在案卷中扒来扒去，找到两个人说的个别矛盾点，或者有些许错别字，或者有点逻辑不太吻合的地方就欣喜若狂。这些表面形式上的些许瑕疵并不能解决根本的问题。一般来讲，想要在案卷当中发现严重的、一招制敌的、可以推翻案件基本事实的证据基本上是不可能的，因为公检法也都不是"吃素"的，可能案多人少时间紧，有些材料弄得比较粗糙，但对基本事实的调查与判断，完全作假的情况并不多见。这个时候，如果按照案卷的思维去挑错误，也许能挑出一堆毛病，法庭上也可以说得振振有词，但是说了等于没说。因为法官对案件形成自由心证的依据是，只要被告人自己供述有罪，相关证人提供了证明被告人有罪的证言，并且和其他物证、书证等证据基本吻合就行了。既然法官有这样一种思维，那我们律师办案子也要讲究针对性。

我认为，律师拿到案卷之后，**要先看起诉书，后看案卷**。看完起诉书之后，应该在大脑中形成一个思路，如果当事人要被认定为起诉书指控的这个罪，你认为至少需要哪几个方面的证据。然后，你再去看案卷中有没有这样的东西，如果真的没有，那就是你可以发挥的余地了。你可以跟法官讲，如果证明一个犯罪事实成立，必须要有 A、B、C 三方面的证据，A 是可以证明的基础；B 是可以证明的支持结构；C 是可以证明的内容填充物。如果没有这三个方面实实在在的证据支撑，就好像只能证明区域外围有很多的绿化，但不能证明这里面有一栋高楼。不能说，"记得那里有一栋楼""好像见到过那里有一栋楼"，这样的证据只能证明"可能"存在某个事实，但不能够证明"确实"存在这样一个事实。而要证明确实存在这样一个事实，就必须证明它的基础、它的框架结构和内容填充物都在。如果案卷中的证据不能"确实"证明这样的一个犯罪事实，即你作为辩护人基于自己的内心确信，认为这个案件是冤枉的，自己就可以构建一个证据体系，展示给法官。

我有一个当事人被指控于某年 10 月 1 日在办公室收了别人 100 万元现金，我们先不谈被告人的供述是非法证据还是合法证据，也先不去判断证人证言是否真实可信，我们首先要进行这样的分析：

第一，10 月 1 日是不是放假？法定节假日，这个单位肯定放假了。放假期间这个单位所在的办公楼要不要锁门？锁门的话，当事人有自己房间的钥匙，但他有整栋大楼的钥匙吗？没有，只有保安那里有。如果这个领导要去自己的办公室，是不是要找人开门？但案卷中有证据证明他找人开门进办公楼了吗？没有，所以，案件细节就慢慢引申到新的层次上来了。

第二，当事人说自己在 10 月 1 日放假期间带着老婆孩子外出旅游了，那我们就去查了他出行的报销记录，结果发现单位里并没有他假期旅游的记录。这是为什么？因为这个当事人让下属的一个企业把差旅费给报销了，没有在自己单位报销，怕别人知道影响不好。后来我们还真的找到了这样的证据，这样关于我的当事人 10 月 1 日在办公室收别人 100 万元现金的指控也就不攻自破了。

第三，这 100 万元现金是怎么来的？行贿人家里有摇钱树吗？没有。那 100 万元现金是别人行贿给他的吗？也不是。那钱是从哪里来的？他说是他们家天天做小生意赚的。那难道他家里还买了个银行的点钞机和打捆机吗？没有。那这 10 万元钱一捆一捆的，是怎么捆出来的呢？关于这些案件相关的细节，就必须得搞清楚，如果最后他承认是从银行取的。是从哪个银行取的呢？记不清楚了。记不清楚是不可以的，5 元、10 元记不得了，100 万元会记不得吗？这些问题他都回答不清楚，每回答一个问题就会留下一个疑问，毕竟谎言是很难掩盖的，用谎言掩盖谎言，越掩盖就会留下越多的漏洞。

因此，当你发现一个事实可能有疑问、被告人可能是被冤枉的时候，作为辩护人就要构建自己的证据体系，这就是我们所说的对事实不清、证据不足的案件，必须坚守疑罪从无的原则。当然，也有其他类型的案件，那就是真正的冤假错案，它并非事实不清、证据不足，也不是量刑的问题，而是被告人完全被冤枉的问题，这就是我接下来要讲的类型。

四、真正的冤假错案及其应对

事实上，这几年大家看到的所谓的重大冤假错案都是死刑案件，从 2005 年的佘祥林开始，到滕兴善、呼格吉勒图、聂树斌、张氏叔侄，再到陈满、吴昌龙、念斌等，几乎每一起重大的冤假错案都涉及命案。这里凸显的问题就很严重了，因为在这些案件中，当事人都曾对律师说自己是被冤枉的，有罪供述都是假的，这就需要我们律师有十二万分的谨慎。如果我们前面讲的第一类案件落到你的手里，你没能够保住被告人的性命，也许还情有可原，毕竟事实清楚、证据确实充分，被告人自己也认罪，并且量刑也没有问题，律师是可以解脱的，良心上也可能没有更大的压力。如果是第二类案件，事实不太清楚、证据也不算确实充分，不能排除合理怀疑，这时你心中可能会有一种纠结，觉得这个案子被告人可能是被冤枉的，但过去了也就过去了。但对于第三类案件，当你内心已经确信这个案件是冤假错案的时候，如果你的努力还不够，那我觉得你真的是要受到良心的煎熬的，因此我认为刑事辩护律师是一个"良心活"。

如何判断什么样的案件是真正的冤假错案呢？比如我代理的那个被告人20多年前从执行死刑的刑场上被拉回来的案子，我第一眼判断，那就是一个典型的冤案，为什么？案发时，被告人在河南老家，所有村里人都能证明他那天在家里，因为那天是农历二月二，龙抬头，当地农村的习惯是龙抬头以后，理个发才出门打工。他那天还在家修房子，很多村里人都去帮他家修房子。另外，那天村里还在唱大戏，我跟他一聊，他还知道唱的是《卷席筒》。基于这样一个明显不在现场的基本事实就可以确信这个案件是冤案。

说到这里，我觉得还应该提示一下，就是什么样的案子是真正的冤假错案，以及如果当事人自己说是冤假错案，我们应该怎样去判断。虽然说任何案件都没有绝对的真相，但是却有绝对的冤假错案。绝对的错案往往会发生在运动式执法过程中，比如历史上的"八三严打""九六严打"，扫黑风暴都极易产生冤案和错案，甚至会发生一些极端的冤假错案，像那些"亡者归来"的案件。我在很多场合都会强调一点，即真凶出现的案件，在全世界每个国家都有可能发生，但是"亡者归来"这样的案件，实在不应该发生。

为什么会发生"亡者归来"的冤案？这类案件极为特殊，并不像普通的刑事案件那样，是由于证据不足或侦查手段不力导致的错案，而是所谓的被害人根本就没有死，法院生效判决却说"犯罪事实清楚，证据确实、充分"。认定被告人杀人了，那尸体是从哪里来的呢？尸体是不是那个被害人呢？很简单，做一个DNA比对的鉴定就可以解决问题啊。比如佘祥林案，从水库里捞出来一具尸体就说是他老婆，仅仅是由他老婆的娘家人简单的"认尸"就确定了死者的身份，而没有认真去找证据去证实。赵作海案就更夸张了，赵作海是跟邻居打架，有媒体报道说这个邻居和他有纠纷，双方打架时那个人还砍了赵作海一刀，赵作海头上至今还有一个疤痕。那个人以为把赵作海给砍死了，所以吓跑了。过了一段时间公安机关发现附近有一具无头尸，就猜测这可能是跑掉的那个人被赵作海打死了，然后把头给砍了。当然这两起案件都发生于 20 世纪 90 年代，当时的侦查技术水平还不十分发达。但对于这种较为严重的，可能判处死刑的严重犯罪案件，公安机关应该尽最大努力调用最先进的技术力量，通过指纹、DNA 比对等方法及时采集相关的物证。过于草率地确认死者身份，才是导致多起"亡者归来"的重大冤假错案发生的根本原因，匪夷所思，令人痛心！

这里还有一个问题，我们可以去想，侦查一开始，如果你问赵作海杀人了没有，他第一反应肯定是说没有杀人，但最终却变成了案卷中有九次有罪供述。包括佘祥林案、呼格吉勒图案和聂树斌案，案卷中有个共同特点，那就是根本没有被告人的无罪辩解，这显然不合常理。还有一系列的案件像张氏叔侄案，二审的时候他们就在法庭上顽强抗争，说是被冤枉的，那为什么还是连续拖了 10 年才得以平反呢？因为案卷中根本就没有无罪辩解的记录，但我们后来了解到他们一直在作无罪辩解。还有像我说的那个山西死因案，他自始至终、直到今天都从未认过罪，居然就被判了死刑立即执行，而且二审不仅没有开庭，还没有辩护人，而当时的《刑事诉讼法》也规定死刑案件二审必须开庭审理，而且必须要有辩护律师。但当时既没有开庭，也没有为他指定辩护人，从上诉期满到二审维持原判仅花了 16 天时间，然后就把他拉到刑场去了。

这样的一些案件，律师在介入的时候，当事人可能没讲过他是被冤枉的吗？他一定讲过，他会说他是被冤枉的，他没有杀人，但是律师有没有去细究？有没有认真去听当事人诉说？像我之前说的那个来待了半支烟工夫就走的律师和那个会见前喝酒会见时睡着了的律师，他们怎么可能了解案件的真实情况呢？所以说，当你发现一个重大案件的当事人跟你讲这个案件绝对是冤枉的，他绝对没有做过这个事情的时候，你必须要高度重视，要认真研究，看看到底是不是真正的冤假错案。当然这里也可能会有两种情况，一种是真的冤假错案，一种是自我狡辩。但不管是出于什么样的目的，只要他反复强调他绝对是被冤枉的，就必须引起足够的重视。

我曾经办理过一起案件，当事人说他杀人了，杀了三个人，一夜之间把一家人全给杀了，并且杀了这家人之后，他还跑回来跟别人打牌，而且还赢了钱。我看完就觉得这里边可能有问题，但到底是真是假，还真的不清楚。我觉得这个时候必须做一个重大的提示，我就告诉他，我是他们家人费了很大劲请来的辩护律师，而且我是非常专业的刑事辩护律师，会竭尽全力帮他，他有什么话都可以跟我讲，如果他是被冤枉的，我一定会尽自己最大的努力给他辩护。

作为律师，在面临生死问题的时候，一定要让当事人对你建立起足够的信任，他才会配合。最后，我说我今天就想听他讲一讲到底是怎么回事。我刚说完这句话，他马上就号啕大哭，边哭边说自己是怎么被冤枉的，怎么被打的，被吊起来打，用电警棍电，威胁要抓他的老婆孩子等一系列刑讯逼供的方式都被用过。我觉得，这个时候你不要打断他，就让他尽情发挥，敞开了讲，你就慢慢听好了，他总有结束的时候，一天讲不完，就讲两天、三天。

当他讲得差不多的时候，你就要告诉他，如果这个案子真的不是他做的，你一定会不惜一切代价去为他赢得公正。因为这时候你的内心已经形成初步判断，认为他可能真的是被冤枉的，接下来要做的就是尽己所能去做更多的调查，去调查他没有实施犯罪的证据。这时候，可能有些律师又会说，我们只是给他辩护，没有义务去证明他不构成犯罪。但是在中国，我们做的无罪辩护案件能成功，绝大部分原因是我们律师要用调查取证获得的证据来证实当事人是无罪的，是被冤枉的，而不是简单地提出合理怀疑，让法官按照疑罪从无判他无罪。所以，我们现在应该做的其实就是这样一种调查，我们要的是结果，当你的当事人被冤枉的时候，你必须要穷尽一切合法手段挽救他的生命，找回他的自由。

怎样去做？那就是事无巨细地去调查。很多人又说调查有风险，办案需谨慎。是的，调查有风险，但只要根据法律规定调查，是为了查明案件真相去调查，其实并没有那么大的风险。我们在网上经常会看到很多人写文章分享刑事辩护的经验、技巧、艺术等，但看完之后，好像觉得言之无物。因为刑事辩护本就没有固定的招式，不同的刑事案件，不同的当事人，不同的律师，不同的对手，都应该有完全不同的方法，而不同的方法得到的结果往往也是不一样的。

就拿调查取证举例，很多律师包括大律师都建议青年律师不要轻易去做调查取证，有的律师说，你没有那个金刚钻就不要去揽那个瓷器活，否则人没救出来，先把自己弄进去了。这里边就有一个问题，你没有那个金刚钻就不要揽那个瓷器活，这句话是对的，你没有专业的精神和经验，就不要去做。当你自己没有把握的时候，绝不能拿别人的生命练手。但你作为一名专业的刑事辩护律师，面临一个连你自己都认为绝对是被冤枉的当事人的时候，你还是为了所谓的安全考虑，不去调查取证，而仅仅满足于在案卷证据当中找一些小毛病，在法庭上走过场似的提出一些质疑，认为这样做，就完成了自己的辩护，我觉得这才是极端不负责任的一种律师。事实上很多所谓的大律师也是这么做的，而他们这么做其实是没有效果的。

你经常会听到一些律师很有名气，办了很多大案、要案，但是你再往下追问一个问题，就会发现，我们仅仅知道这些律师很有名，只知道某一个很有名的案子是他办的，却不知道办的结果是什么，更不知道他是怎么办的，所以根本不知道这些知名案例的成功之处在哪里，这些律师又为何因此成名，这就是一个误区。不熟悉这个领域的人经常会被这样的误区所误导，但作为专业律师，你不要盲从，你知道一个律师他曾经办过某案，那你就去研究一下，这个案件他是怎么办的，怎么介入的，用了什么样的辩护方法，做了哪些调查取证的工作，最终他的辩护观点被法院采信了多少。最重要的是，结果是什么。当你发现他的案件结果不是死缓就是无期，只有这两种结果的时候，那在死刑判决越来越少的情况下，这个辩护其实是没有太大意义的。

所以，当我们遇到一些重大的冤案的时候，我们也会反思，因为这些冤案曾经也都是有律师的，为什么我们一直到 10 年、20 年，甚至 25 年以后才发现它们是冤案？而在这之前的 25 年当中，这个冤案为什么没有被披露出来？

这就涉及另外一个问题，刑事辩护的边界在哪里？还是这样一个原则，就是在一切法律和道德允许的范围之内，都是可以做的，没有禁区。有些大律师在给年轻律师做培训的时候会这么说，律师的战场在法庭，出了法庭就不要乱说。但出了法庭就不要乱说，往往会导致你的当事人悄无声息地被冤死了，没有人知道。如果当事人真的被冤死了，至少也要死个明白吧，要让他的家里人，让社会公众知道你的当事人是被冤死的。所以**律师的战场**，我觉得不仅仅在法庭，它可以在任何地方，在每一个可以为你的当事人呼吁的地方。因为，死刑案件，你是真正为了生命去辩护，这不仅仅是多几天自由和挽回多少财产的事情。

在这种情况下，我们能做的还是事无巨细地调查取证，比如当事人不在现场的证据、没有作案动机的证据、跟这个案件毫无关联但可能与另外的某人有关联的证据。这又涉及另一个职业伦理的问题，即你为你的当事人辩护时，是否可以推断出另外一个人可能是犯罪嫌疑人。我觉得作为一个死刑案件的辩护人，应当在法律框架范围内"不择手段"，只要能够达到目的，只要不违法，甚至可以把你的推测和质疑以及相关的证据指向另一个对象，很多案件中我们也是这么做的。当然你不一定要去控告他，但是你可以给法官提供这样一种分析和说明，让他去研究决定最终怎么处理，这也是至关重要的。因为当法官根据现有证据，他内心确信甲构成犯罪的程度是75%，而确信乙构成犯罪的程度则达到98%，那他还会选择判甲死刑吗？他也许认为自己没有义务去追究乙，但他在很大程度上就不敢轻易追究甲了，这就实现我们的目的了。当然还是有律师会觉得，这不是我们律师应该做的工作，这是侦查机关应该做的工作。那的确是侦查机关应该做的工作，但是如果侦查机关该做而不做，或者做得不好，没有达到我们想要的效果呢？为拯救我们的当事人，需要我们做，我们就要做。

另外，对于特别大的冤案，即使我们在一审、二审法庭上甚至在死刑复核阶段作出种种努力，而这一切合理合法的努力也可能被刻意忽视而无济于事之时，我们还要想**是不是还可以再做一些努力**。这里又涉及另外一个问题，因为很多律师都觉得这种做法是不对的，有什么话就应该在法庭上说。但是，当法庭上的法官打断你的发言，当上级法院的法官不愿听你的陈述，或者他们只是形式上听听，但内心根本没有听进去，而你又确信摆在你面前的是一个绝对的冤案的时候，你还能做些什么？

所以在上述情况下，我们的案件就需要获取更多的支持，这个支持来自社会各界的力量，这在法律上是有依据的。《宪法》《刑事诉讼法》都规定，人民法院审理案件，要接受监督，接受来自人大的监督、政协的监督、社会团体的监督，还有社会舆论的监督，这当然包括新闻媒体以及广大人民群众的监督，那这个监督怎么体现呢？这种监督的方式，律师能做什么工作呢？这些都是新的课题。

以上就是我说的死刑案件大致分成的三种类型：事实清楚、证据确实充分的；事实不清、证据不足不能排除合理怀疑的；绝对的冤假错案。对这三种不同类型的死刑案件，我们在辩护的时候要结合具体的案件，采用不同的辩护方法。总之，这是一项系统工程，不是单纯把刑法研究得很透彻就能做好的事情，也不是把刑事诉讼法掌握得很熟练就能游刃有余地履行自己辩护职责的事情，这类辩护考验的是一个律师的综合实力，是律师的经验、智慧、法学基础和对整个案件走向的把控和引导能力的综合体现。

刑事辩护中的死刑案件辩护，绝对至关重要。在所有的律师业务中，刑事辩护事关重大，而这其中涉及死刑，特别是到最后的死刑复核阶段，绝对不可以掉以轻心。我们必须付出全部的精力和努力，穷尽所有的合法手段和方法，在法律框架内作出全部的努力，我觉得这是我们每一位刑事辩护律师都必须做到的事情。

归结起来，我对律师接死刑案件，也是保持高度警惕的：如果你真的经验不足，那就先用心学习；如果你觉得你的经验很足，但时间，精力无法保证，也不要去参与、凑热闹；如果你很聪明，很能干，但是你不愿意付出那么大的努力，那就更不要去做。

阅卷的多个层次

关于阅卷，我个人的体会是律师不阅卷肯定是不负责任，但也不能仅仅止步于阅卷。有些很负责任的律师经常说："有的律师就不阅卷，我就非常认真地阅卷，之后就能从案卷当中发现问题，并且发现这个问题之后我就能以子之矛攻子之盾。"就是他们在案卷中找到矛盾后，再提出自己的观点来推翻控方的指控。我觉得，这只能是我要说的第二个层次，就是比较认真地阅卷。

实际上，只是"比较认真地阅卷"还不够。我认为，真正地把阅卷工作做好，应该是从不阅卷到阅卷之后，再达到抛开案卷的程度。就是从"看山不是山，看水不是水"，到"看山是山，看水是水"，最后又达到"看山不是山，看水不是水"，这么一个过程。

最后这个境界应该是最高的一个境界，它应该达到的效果是：在你内心已经重建了一套证据体系，而这一套证据体系是你要在法庭上运用来支持你的辩护观点的。这个证据体系并不一定完全来源于原来的案卷，它有可能来源于案卷当中的一部分，还有可能来源于案卷当中的一些线索，也可能来源于你完全抛开案卷之后自己重新进行的调查取证，然后形成的一套证据体系。所以我把它叫作证据体系的重建。

第一层次：地毯式搜索

一般情况下，不阅卷是办不好案子的。

那阅卷有什么经验吗？我的经验就是**一定要亲自去法院阅卷**。现在很多律师不阅卷，也有很多律师阅卷，而且是很认真地阅卷，但是他们往往是让助理去法院把案卷复印回来，然后再自己阅卷。

我说一个实践中的问题。前些年有一个案子，也是很大的一起职务犯罪案件，我代理二审。这个案子，我是从一审律师那里复印的案卷，但我还是决定亲自到法院看案卷，结果发现原来的律师遗漏了很多案卷，我只好又一本一本地拍照。

那为什么别人只复印这么多回来？他一定是认为这些都是重要的，但是这些是重要的吗？也许是重要的。那他没有复印的是不是就不重要了？不一定。所以我把这些案卷全部查阅了一遍之后，我发现他遗漏了很多重要的情节。比如说关于指控被告人受贿了一块手表的事情，我们开始的想法是受贿这块手表可能是因为当事人调走以后，他原来的手下为了给他祝贺一下，说你晋升了，我给你送块表，我们是基于这样的一个事实在考虑怎么样去辩护。是不是利用职务之便？是不是给他谋取了利益？是不是之前有约定？可是当我看完全部的案卷之后，我发现还有这样的一个说法，当事人说他原来自己在香港买了一块表，回来以后发现这块表有点大，就卖给了另外一个同事，卖了6万多块钱，这个同事就给了他6万多块钱。然后还有个同事说他自己有一块表，比较小，当事人戴着挺合适。当事人一看，发现这个表不错，也是6万多块钱，他就说正好他这刚卖了6万多块钱，就给他的同事了。那这个基本事实就发生了变化，就不是收了表构不构成受贿的问题，而是我虽然收了表，但我是买的表，这无论如何也不能认定为受贿。所以案卷必须要亲自看。

所以一定要搞清楚，在一个案件当中到底有多少案卷是能给我们看的，公开的，除了法院的副卷以外，全部都要拿过来看。还有一些法院的案卷比较混乱，除了一本一本订好的，还有一些散页。可能是追加补充的，或者临时送过来的，它可能不一定和订好的案卷放在一起。遇到这种情况，一定要问法官，到底有多少案卷？还有没有其他材料？如果确认没有其他材料了，再把全部案卷复印。

关于复印，我的经验是什么呢？从第一页到最后一页，每一张，连封面带封底，都要完整复印，而且你在边翻边复印的时候，还要注意里面可能哪一页当中还会有一些猫腻。

原来我们办的一个案子，案卷材料里有一个笔记本，我翻到中间几页总感觉哪里不对劲。后来再次检查的时候才发现靠近夹缝的地方有几行字。翻开看字很小，再仔细一看，是说此户口登记是局长杨某某几月几号亲口要求我这样办的。这是说另外一个案件中，公安局的户籍警给人家搞了一个假的户口，后来把他给抓了，抓之后才知道实际是局长让他办的，但是他没有证据。局长也不可能给他写一个书面指示，结果他就自己写个记录。但这也不能算有力的证据，他就让他的同事也在那个角上注明，还签个名，这样就是他们两个人共同证明，这个假户口是局长几月几号几点几分来告诉我们要办的，那至少这就是一个线索了。再把那个同事找来一问，他说有这个事情，就可以把局长锁定。把局长锁定，局长就急了，他就去跟检察院协商，后面的事情就好解决了。

有的助理以为自己很聪明，他甚至会跟法院沟通沟通，把有些已经装订了的案卷拆开，放在复印机里自动复印，一张一张地复印了。你这么一张张过了，效率的确是提高了，但你觉得能复印出我刚才说的这个背面的这个角落里面的信息吗？所以**阅卷必须要一字不漏**。

我办理的一个案子，这个案子几月几号经过省政法委协调，又经过省高院审委会研究，看起来好像不重要。这些会议记录显然不属于案件证据，但它们的作用可能比证据更重要。可能有的律师或者助理就会觉得这个跟案件事实没有关系。但我就觉得它重要，重要在哪里呢？这说明这个案件可能存在非法干预，说明程序违法，一审的案件居然搞到省高院去开审委会。那就意味着高院的院长应当作出解释，为什么基层法院审的案子，高院要开审委会。这样还有二审程序吗？恐怕连申诉的可能也没有了。基层法院审理的一审案件到高院去开审委会，不就是破坏两审终审制吗？可以对这个问题进行反映和控告，也许能解决问题。但是如果你让助理来阅卷，他可能不会注意这些材料，可能会认为这跟案件事实和定罪量刑都没有关系。所以我说每个案子要亲自阅卷。

现在的学生，特别是研究生，看书的速度非常快，而且有人引以为豪。以前有一个跟我实习的学生，同样一本书，我才看了一页的三分之一，他下一页都快看完了。我看书有一个习惯，喜欢一个字一个字地看。比如说《无罪辩护》这本书，我先看什么呢？我先看左上角的丛书名"律师手记"，律师手记是律师写的手记，应该是写案件的。再看书名《无罪辩护》，再看底下是清华大学出版社，然后看它的封底，再看定价，再看有没有书号，是不是非法出版物。

除此之外，前言、后记、序我都要看，而且要一句一句地看。我不仅是看，还是研究性地看。我想到了初中时语文老师教给我们的一个读书的方法，就是要带着问题去读书，就是我在拿到一本书或者拿到一个案卷之后，在看之前先设想几个问题，看看我在里面能不能找到答案。比如说指控这个人杀人，我就想应该有哪些证据？大概应该有凶器、现场、脚印、指纹、血迹，还有证人证言。然后带着这些问题，我就从第一页开始慢慢看。特别要提示的是，看书和看案卷还有一个本质的区别，那就是书不必讲严格的逻辑，不必要前后印证，情节不一定要完全清楚，但案卷则是一部清晰无比的小说，而且要求每一个情节都要经得起推敲。

有一些案子的案卷比较多，怎么看呢？就从第一本看，拿一支红笔，然后从第一页开始，边看边记，因为可能你在看的第一时间发现了一个问题，你觉得非常重要，等你看完了之后可能会忘记，所以看到一个问题就要第一时间记下，然后一遍看完，之后再来第二遍。看第二遍又会产生新的问题，把新的问题再记下来，以此类推。阅卷应该是"读你千遍也不厌倦"，每看一遍都会有新的发现。

阅卷的时候不要放过任何蛛丝马迹，我强调的"抽丝剥茧"就是要像搞研究一样，你在阅卷当中会发现很多的问题，不要以为你发现的是错误的。你觉得有疑问就先记下来，之后再慢慢归纳、慢慢总结，不懂的就找专家，提出你的疑问和你的想法，然后专家根据他的专业知识进行解答，帮你分析，再提出一套完整的可以用来质证的意见。

第二层次：掘地三尺

关于这个层次，我想用一句话就可以概括，那就是将证据里的每一个细节无一遗漏地烂熟于心，并进行分层次的深入研究。

在一个案卷体系当中，你一旦发现一个非常有用的东西，就可以一招制敌。所以阅卷的第二个层次就是**掘地三尺**，一定要细致，并且要细到不能再细，也就是细到没有可以再细分的程度。

第三层次：跳出案卷

还有第三个层次——跳出案卷，重新审查全案事实与证据。就是在第二层次的基础上，用归纳总结的方法找出它们的内在关联和规律性的东西，发现当中的问题。

周文斌案中，笔录显示有一笔指控他于 2008 年 1 月在丹凤轩酒店门口收了一个建筑商的 50 万元现金。在庭审前也有过供述，因此在此前的庭审中，公诉人说"证据与证据之间相互印证"。那么真的印证了吗？证人——也就是行贿人，这么说；受贿人——也就是被告人，也承认。那我作为辩护人还能找到什么突破口？事实上案卷本身已经没有突破口了，那么只有跳出案卷去寻找突破口。

50 万元现金？我首先打个问号，这个事情是真的假的？因为在我会见过程中，周文斌说绝对没有这个事情。在第一次会见周文斌时，我就跟他说过，所有的事情必须要说准确，绝对没有就说绝对没有，记不清楚就说记不清楚，可能有就说可能有。当事人跟辩护人之间什么都可以说，我作为辩护人，职责就是提供当事人无罪或罪轻的证据材料。周文斌说这笔 50 万元现金"绝对没有"。

一开始我就在案卷中仔细查阅，发现他们二人的笔录记录的是 2008 年春节前，一个人送 50 万元现金，一个人收 50 万元现金。两份笔录记录的时间一致、地点一致，都是在丹凤轩酒店大门口的停车场。既然周文斌说"绝对没有"，那我的这个问号至少就有 50% 的成功率。万一他们说的那个时间，丹凤轩酒店还没有开业呢？这是在赌 50% 的可能性。于是我们就按这个思路展开调查，并发现了关键的证据，而这些证据并不在案卷中。

后来在法庭上，通过 PPT 展示，我调出图片给法庭看，说这就是丹凤轩酒店，南昌人都知道，大家可能都去过，这家店的菜做得很好吃。案卷中记录，周文斌说他在 2008 年春节前有一天下午去了这家酒店，行贿人也这么说了，但是请法庭注意看我们提供的证据，这个丹凤轩酒店营业执照上记载的成立日期是 2008 年 7 月 17 日。笔录中的"春节前"，一般是 1 月或者是 2 月初，很少到 3 月，怎么也不可能到 4 月，更不要说到 7 月份才过春节。可是这家酒店 7 月 17 日才成立，我们案件的被告人和行贿人却同时说在当年的春节前、1 月份在这家酒店完成行贿、受贿。难道说一个人错把 7 月记成了 1 月、另一个人也把 7 月记成了 1 月？

我们当时除了调查酒店的营业执照，还核实了这家酒店实际是什么时候开业的，因为这种证据可以说是属于"核武器"级别的，一旦被发现那必然会产生震撼性的效果。

我在法庭上说，企业的营业执照相当于它的出生证，酒店是在 2008 年 7 月 17 日才成立的。本案中被告人和所谓的行贿人在 1 月份怎么能到这家酒店吃饭，然后还在门口停车场行贿、受贿 50 万元现金？我说这个东西（企业登记档案）可不是我们制作的，是南昌市工商局给我们盖了章的正式文件，可以说是南昌市工商局证明你们检察院搞的证据是假的。

但是公诉人还要"负隅顽抗"，还要补充侦查，查这家酒店开业前是干什么的，这幢楼是什么时候开工建设、什么时候落成的，但是这些补充侦查的证据材料在后续开庭时并未出示。因为确实在笔录记载的时间酒店并未开业，而调查的证据显示酒店开业前这是一家商场，这样的证据出示有什么意义呢？

案卷中还有一个行贿人说给周文斌送了 100 万元，是在周文斌家楼下的一个花坛边。我到他家楼下去实地查看了一番，发现没有花坛，我还拍了几张照片提供给法院。案卷证据显示，周文斌在自家楼下花坛附近收了 100 万元，但是楼下的花坛呢？拆了吗？小区的人都说那个地方从来没有花坛，可能行贿人记错了？但是为什么周文斌自己也记错了？而且两个人还同时记错，还形成了一样的笔录？这就可以上升到周文斌下一步要说的概率论问题——两个人同时错的概率是多少？他跟行贿人张三是两个人同时错，跟李四也是两个人同时错，跟王五还是两个人同时错，这样的概率几乎就没有可能，这就是案件存在的问题。这个问题恰恰是通过一份案卷外的证据突破的。

这一笔 100 万元的受贿错在花坛，我们阅卷的时候又发现了另一笔 100 万元也出现错误。证人张可（化名），在她的笔录中说的是"2003 年 4 月份我给了他 100 万元"。周文斌的笔录中说的也是"2003 年 4 月份这个女的给了我 100 万元"，他们二人都说 2003 年的 4 月份，送钱、收钱的地点是一个叫老树咖啡的地方。

他们两个说得很清楚，包括为什么要送 100 万元，怎么送的 100 万元，而且还有细节。不过细节又有不同：一个说是在小包间，一个说是在靠窗的卡座；

一个说她先到，一个说他先到。周文斌笔录显示："我一个人走到老树咖啡，她已经提前订了一个小包间。"而这个张可说的是："周文斌先到，他找了一个靠窗的卡座。"当然这些小问题都不重要，重要的是我又对这些笔录打一个问号，这事是真的吗？

我们首先查了一下老树咖啡是什么时候开业的。不查不知道，一查吓一跳——2011年3月30日老树咖啡才正式开业。但本案中，两人笔录都说是2003年，比咖啡店开业的时间早了8年！为什么一个人错得如此离谱，另一个人还错得一模一样？这一定会让人产生疑问，这种错误不可能是偶然形成的，绝不是巧合。所以查到这个地步，我觉得已经足以说明案卷笔录的真实性存疑，同时这也提醒我们，办理刑事案件一定要防止单纯的案卷主义，一定要调查。

为了进一步印证我们的怀疑，我们还要在案卷的基础上深入调查，老树咖啡到底是什么企业？全国有多少家老树咖啡？江西有多少个？第一家店是怎么开的？什么时候开的？继续查发现，所谓的老树咖啡是一个合资企业，台港澳三方合资，注册资本为500万美元，法定代表人是台湾人，2007年6月1日才第一次进入大陆，全国任何地方的老树咖啡，最早的也是2007年6月之后才出现，案卷中提到的是南昌大学店，是2011年开业的，但他们二人的笔录都显示2003年在那个地方送钱。

在法庭上我们出示了这样的证据，公诉人自然无法面对，**你知道对方无法面对的时候就多说一点**，因为对方根本回应不了。我指着营业执照说，注意看这下面有个半截的公章，能看出来又是南昌市工商行政管理局的公章，这可不是我们伪造的。公诉人之前还说辩护人扰乱法庭秩序，我说现在法庭看清了吧，公诉人向法院提供了一份又一份的伪证，辩护人可没有向法院提供一份伪证。可是你们不但提供了一份又一份的伪证，还要求法庭按伪证罪来判案，这是不行的。

上述当事人笔录中的百般错误，以及之前我提到的假的凭证，仅凭阅卷是阅不出来的，向法庭提供假的证据指控犯罪，这是极其恐怖的。这就相当于把一个嫌疑人的鞋拿到一个凶杀案的现场，故意按了一个带血的鞋印，再去找一个足迹鉴定专家鉴定这个鞋印就是这个嫌疑人的鞋踩的，然后根据鞋印和鉴定指控他杀了人，再把他判死刑。这是何其恶毒？！

在周文斌案的卷宗中还不乏神乎其神的夸张剧情。我在法庭上跟审判长说，周文斌的笔录中有记载："2004 年 6 月份，我代表南昌大学到香港去招商引资，然后某某某在香港会展中心二楼茶座请我喝茶，送给了我一个红包。这个红包是用信封装的，6000 港币，500 元一张，一共是 12 张。"笔录中的细节很清楚，时间、地点、人物、包装的信封的颜色、面值、数额都有，并且行贿人说的跟他说的一模一样。可是我们又在跟周文斌的聊天中了解到，他在那个时间点并不在香港。他在 2004 年就没有去过香港，没有出入境记录，但是笔录中他们两人都说在香港收的钱。

我开庭的时候问周文斌，你有没有偷渡到香港的这种记录，比如说偷偷地游泳过去？他说我没有。我说你真没有？他说我真没有。我说那为什么你没有香港过境记录，却交代一笔在香港受贿的事呢？他就开始解释，当时是怎么被办案人员逼得几天几夜不睡觉，作出了这些笔录。

检察院很有意思，起诉的时候把这一部分港币拿掉了，但是案卷里却有这样的供述。虽然没起诉，但记录在案卷证据材料中，就可以拿来说，以此来佐证笔录的虚假之处太多，以动摇全案言词证据的合法性。根本没有的事情，两个人都没在香港见过面，结果却出了一模一样的行贿受贿细节。唯一合理的解释只能是存在伪证和逼供。虽然最终没起诉，但办案人员是怎么搞出这样的笔录来，难免令人深思。

也许，很多律师在阅卷时看到有的犯罪事实没有起诉就不看了，但是通过这个案件的阅卷发现的问题，我们可以得出结论：即使没有起诉部分的证据也要看，看了之后依然能找出问题，为我所用。

阅卷当中我们还发现了其他的很多细节问题，比如一般指控行贿人是为了承接某个项目给受贿人送钱。在这起案子里，我发现有个项目老板说他是 2008 年的时候给周文斌送钱，为了承接项目，但当我们把案卷中有关项目的资料搜集起来却发现，他想要承接的那个项目早在 2006 年就结束了。一个 2006 年就已经结束了的项目，行贿人 2008 年才送钱给周文斌说要"承接"，办案机关还不如编成是行贿人为了感谢周文斌 2006 年给了他一个项目，两年后再送钱给他。所以说，假的终究是假的，无论如何都会留下蛛丝马迹。

还有，2009 年春节的时候，有个经营花木的老板说为了承包南昌大学园林维护的项目，给周文斌送了 100 万元。经过阅卷我们发现，这份合同 2007 年就已经签了。更可笑的是，园林维护合同总标的额才 67 万元。也就是说为了一个连本带利才 67 万元的两年前签的合同，老板两年后却给周文斌送了 100 万元，这是多么荒谬的事情，居然会出现在案卷中！

如此多的矛盾，法官再偏心，也无法完全相信案卷，必然会产生怀疑了。

以上这些，都是我在阅卷中打破传统阅卷方式所取得的一些成果。有的是需要调查获取案卷中没有的证据，有的是细究案卷中可能被忽视的证据，如施工合同等书证，这些恰恰是很多律师最容易忽视的地方，有的甚至在复制案卷时主动放弃那些复杂的合同、报表、账本等书证资料，本能地认为那些不会有问题。

第四层次：解构、重建证据体系

什么叫解构、重建证据体系？就是通过阅卷，对案件有自己的一个整体把握，**跳出公诉机关移送的基于指控犯罪的证据体系，通过系统审查、排查，以及必要的调查取证，形成辩护人的无罪或罪轻的证据体系，**达到辩护目的。在周文斌案中，经过仔细钻研案卷，我们就抽象总结出很多规律性的东西，从另一个层面形成了我们辩护方的证据体系。

前面提到的几笔关于受贿的指控都是大数额的，几十万元、几百万元这种，其实还有很多指控是说学校里面各二级机构院系处室逢年过节给他送购物卡。这些本就是教职工正常的福利、津贴等，公诉机关为了强加指控，就把上述事实强行变成是这些人想要获得周文斌在工作上的关照，为了提拔，为了换一个好的工作岗位，给校长送礼。

案卷中显示，办案人员共找了 14 个处长和院长作为证人，说为了感谢周文斌提拔他们，从副处提到正处或者从科技处调到人事处，或者是从普通的教授升职为处长。

于是我一个个地分析。我问周文斌，你们大学里面是教授的地位高还是处长的地位高？周文斌说在大学里肯定是教授的地位高，处长在政府部门可能显得地位高，但在大学里，教授的工资比处长的工资高，教授要提拔为处长，他的工资按行政级别走的话，还降下来了，所以很多教授不愿意去当什么处长。那这样的"行贿"谋取的利益是什么？是让自己少挣一点工资吗？可能公诉人的逻辑是，机关单位的处长，好像是个领导，但大学里面更受人尊敬的其实是教授，而不是处长。

还有个人从科技处的处长调到人事处当处长，然后笔录里说他是为了让周文斌把他调换到一个好的工作岗位，从科技处调到人事处，给周文斌行贿5000元。但是后面又有一个人的笔录是这么记载的，有一个人从人事处的处长调到科技处当处长，他们两个职位对调，那个证人也说是为了调到一个更好的工作岗位，从人事处调到科技处，给周文斌送了5000元。我就问周文斌，这两个人都是为了调到对方的岗位工作，那究竟哪个处长的岗位更好呢？周文斌说我也不知道，可能必须说是为了提拔，才可以认定受贿。但这样的说法显得难以令人信服，因为两个人职位互换，怎么可能都是谋得了更好的职位呢？

这几笔小的指控其实不足以解决全案的证据问题，但是聚少成多就会产生作用，它会给人一种直接的感受就是这个案子有问题，是个"豆腐渣"工程。发现了问题要善于分析，如何更好地分析，从呈现形式上我们**可以采用图表的方式**，把涉及的人、事、物按时间顺序逐一列出来。

我建议大家在以后的办案过程中，尤其是**阅卷的时候养成绘制图表的习惯**。学会用一张表、一张图把复杂的问题简单化、可视化、条理化。很多事我就会用一个图表画出来。那个时候也没有电脑，我们就在纸上画出来，自己在上面再修改，这样一来脉络就很清晰了。军事参谋学里常讲到，"人在路上走，心在图中移"，就是心中有数，办案也是一样。

我们以图表的形式把本案中涉及的14人的校内职位变动罗列出来，发现案卷里的张三、李四、王五等人的职务变动，从时间上看有一个规律，他们升职的时间都是2003年："周文斌2003年的时候把我提拔为教授""周文斌2003年的时候把我从副处长提拔为正处长""周文斌2003年的时候把我从这个学院调到那个学院""周文斌2003年的时候把我从这个处调到那个处"……为什么都是2003年呢？原来周文斌是2003年调到南昌大学任校长，学校进行了一次人事机构改革，把二级机构的院系处室干部全部解聘，全校职工竞聘上岗。也就是说 2003 年学校在任的所有正处副处全部都被免职了，大家重新竞争上岗。那时他刚调过去，基本上一个人都不认识，大家自己报名，由省委组织部和人事厅、教育厅还有学校四方共同组织专家评审，竞聘的教职工自己参加答辩，评审给予综合评分。周文斌作为校长并未参与评审，但是最后却将这次改革后的职务变动认定为周文斌作为校长给他们谋取的利益。

从金额上来看，我发现每个人给周文斌送的都是 5000 元，为什么副处长到正处长是 5000 元，教授到处长也是 5000 元，这个岗位到那个岗位还是 5000 元？最后研究发现，他们当年的校内职工年终福利就都是 5000 元。并且我又发现，送钱的时间分别是 2007 年、2008 年、2009 年，甚至 2011 年，如果依照公诉机关的指控来看，这些人是 2003 年被提拔的，时隔最近的第一笔 5000 元的行贿也是 2007 年才实施。如果说某一个人在提拔的时候忘了或者当时不好意思明着送钱，或者当时跟周文斌不熟，后来熟了再去表示一下感谢，勉强还说得过去。可是为什么全案 14 名教职工都是四五年甚至七八年以后才送钱给周文斌呢？

上文也提到，这个 5000 元其实是年终福利，那行贿时间又是怎么回事？经过调查，我们发现有的人在人事变动后调到科技处，科技处 2003 年没有福利，一直到 2007 年才发了第一笔 5000 元。后来这个人又从科技处调到人事处了，那么新来人事处的人又从 2009 年开始接着发 5000 元的福利。这就发现了一个规律，只要是科技处的教职工，2007 年之后就享受这个福利，人事处的 2009 年以后就享受这个福利，还有社科部是 2011 年才开始享受这个福利。

当我们在案件中找到这样的一些规律之后，就把它总结出来跟法官慢慢沟通，讲清楚其中的原因。南昌大学的人事改革是 2003 年开始的，如果这些职位变动都属于提拔，那么这些人提拔后最快的也是 4 年后才给周文斌送第一笔 5000 元，这不符合常理。送礼一般是在提拔之前送或者是被提拔之后及时感谢，即便是没有及时感谢，至迟也是到年底趁着过年的时机去感谢，怎么会是好几年之后才感谢？周文斌说："我把你从一个普通的干部提拔成处长，你说是重用和提拔，那为什么要等到 8 年之后才送我 5000 块钱，难道我这是期房吗？期货交易吗？我卖一个处长就值 5000 块钱吗？我南昌大学的一个处长就值 5000 块钱吗？"

实际上每一起案件里都有着错综复杂的人物关系、各种事件的联系。在这些纷繁的案卷中，每个人都有好多份笔录，我们阅卷时根据要点、要素，列表分析，然后归纳，找到规律，发现案件的本质问题。

第五层次：逻辑重建

前面提到的吴起县合作医疗主任玩忽职守案，就是一个典型的逻辑重建范例。

很多律师现在也热衷于做无罪辩护，但不是所有案件都适合做无罪辩护。无罪辩护一定要有核心的逻辑架构，就是律师的辩护观点是需要逻辑理论支撑的，一说出来就足以影响法官甚至检察官对案件的判断。

这个案件二审开庭的时候，我当庭发表完辩护意见后，出庭检察员随即表示辩护人的观点也有一定道理。他不说全部支持，而是说"也有一定道理"，因此他也建议法庭可以从轻处理。但是这个案件在二审阶段已经没有从轻的余地了，一审认定了当事人是玩忽职守罪，造成国家损失 500 多万元，数额特别巨大，法定刑是 3 到 7 年有期徒刑，一审法院就只判了最低的 3 年，还能怎么从轻呢？因此检察官说他也建议法官再从轻，就只能变更刑罚执行方式，就是缓刑，相当于二审出庭检察官当庭表示可以改判上诉人缓刑。

因为经过阅卷，我发现公诉人的证明体系从表面看滴水不漏，但内在是有问题的，我要推倒这个"有罪"的错误体系，重构一套证明体系——如果要证明这个人构成犯罪，必要条件是什么？

说到证据体系构建，本案中上诉人是合作医疗办的主任，这是一个客观前提，500 多万元的报销款被骗也是客观事实，主体和客观要件具备，中间还要具备什么样的要件才能使得犯罪成立？这是逻辑建构。

建构了这样一个新的入罪的逻辑体系之后再进行分析，本案中医疗办主任的工作并不存在刚刚总结出来的成立玩忽职守罪的几种情形，那他究竟该承担什么责任？大概是自我内心的谴责，觉得他作为合作医疗办的主任，任职期间所在县发生这么多起的资金被骗，金额如此高，应该引咎辞职，最多如此。

这样的辩护意见发表完后我觉得我都说服我自己了，我们在法庭上不是胡搅蛮缠，而是一层层进行逻辑分析。这个分析无论是法官也好，检察官也好，会觉得打开了案件的新思路，所以出庭检察员当庭说辩护人说的"也有一定道理，建议法庭可以考虑从轻"。

归根结底，刑辩律师在阅卷的时候要学会思考，反复揣摩，遇到任何一个问题至少要多打几个问号，多分几个层次去考虑，尽可能地细化到不能再细化的地步，最后从所有的问题中总结出案件里规律性的东西。

再说**如何在阅卷时保持敏感性**，这需要经验。可能我个人的工作经历比较特殊，我在体制内工作过，也在社会上摸爬滚打过，但现在很多人从入学起在校园里连续读完本科、硕士甚至博士，然后毕业直接到检察院、法院上班，没有机会接触那么多其他领域的知识。

周文斌案中涉及的其他专业内容非常多，比如建筑领域。公诉机关指控周文斌作为大学校长，未经过招投标程序擅自作主将建筑项目发包给某建筑公司，为其谋取利益。

按照《中华人民共和国招标投标法》及相关规定，工程造价超过 200 万元的必须进行招投标，但有前提，必须是国家投资的项目。本案涉及的是 BOT 项目，BOT 是建设经营移交。

这就相当于建筑公司自行投资建设一栋楼，比如说建一座学生公寓，给学校的学生住然后收房租，大概收 15 年租金后连本带利赚了一些，这栋楼就不要了，就送给学校。因此 BOT 项目不是南昌大学的建设项目，就不存在学校组织招投标的问题。即便有招投标程序，也是投资建设者组织进行，与南昌大学无关。

经验要从哪里积累呢？我觉得**人的学习是无止境的**，活到老学到老。**人的潜力也是无限的**，学习任何一个领域的知识，都是没有边界的，还有很重要的一点是要培养自己快速学习的能力。

我们说阅卷的敏感度，要先知道案卷里是什么内容才有可能保持敏感。如果你都不知道相关的证据材料是什么，就难以发现问题。比如案卷中的英文凭证，看到的时候首先要看懂它具体记载了什么内容。这有很多方法，单词不认识可以查，格式不了解可以咨询专业人士，抽丝剥茧地分析，最终发现问题，这并没有要求律师一定要懂得香港财务账目如何记录。建筑行业也一样，我们没有相关的知识储备和从业经验，但我们可以查询《招标投标法》和相关规定，了解什么是 BOT 项目，也可以向专家咨询，最重要的是把你发现的案件中的问题告诉他，让他知道你想了解什么专业问题，或者想达到什么样的效果。比如我去找了香港的那个会计，告诉他我认为这个凭证是假的，要如何证明它是假的？要怎么在法庭上证实这份证据是伪造的？他就会告诉我应该怎么阐述。

所以各方面、各领域的知识积累非常重要，不用很精通，但浅显的基本原理最好都要知道，关键要有发现问题的能力，并**通过各种渠道，借助各种专业力量解决问题**，保证辩护效果。

我一直觉得**辩护律师的经验是可以模仿的，这个模仿不是说完全复制，而是学会用他的方法，看看他是怎么解决问题的**。很简单的一个案件，很多问题不断出现，辩护律师就要一次又一次找专业人士咨询。所以要学习律师的办案经验，要读真实的办案手记才有用，因为他不是在教你空洞的理论，他是在讲述每一个具体的案件是怎么做的，其中的奥秘需要你自己去悟。

我们永远不知道下一个是什么案件，每一个案件都可能涉及不同的专业领域，你怎么办？永远不可能等准备好所有的知识后再处理案件，而是应该边办案边学习，及时发现问题后想办法进一步挖掘。

总结起来：第一点是如何学习办案。对于学生而言，不管你将来从事什么样的职业，只有理论化的概括肯定是不够的，要想知道怎么游泳，你必须亲自去体验。第二点是一定要学会挖掘问题，案卷不能只是泛泛地看一遍，背后的问题都要靠自己不停地摸索、挖掘、分析，否则永远找不到突破口。第三点也很关键，就是**如何能把一个明显的错误呈现得让人无话可说**，这是一种能力。

比如说案件中的酒店在当事人送钱的时候还没有开张呢，不能一句话就讲完了就没有了，否则这个问题再严重，也无法形成一种很大力度的冲击。在司法实践中，再明显的错误不加重强调就没有人予以重视，不要觉得很多错误如此明显，如此荒谬，只要你发现了就能对案件的走向有怎么样的影响。学会用**有色彩的语言**，把问题阐述得让人无言以对，连一个没有任何法律常识的人坐到法庭上都会觉得你讲得有道理。

这就涉及一个人的语言组织能力：怎么在庭审现场规划、架构，把卷宗中明显的错误放大到所有人都能看得见。要有驾驭语言的能力，使你的语言富有感染力，这就是我跟大家常说的语言的色彩问题。你怎么能把一句话、一个观点表述得让所有的人都能听得进去，都能接受，这个事情就好办了。

所以我觉得周文斌的案例很适合用作实践教学。很多时候，不管是大案小案，能把一个案子讲透——从开始介入到最后获得无罪的结果，以及中间全部的工作进程，能让其他人清晰地看到这个案子是怎么作出来的。这样从具体的案件办理过程中，更能明显感受到控辩双方的交锋，**不要脱离具体案件讨论阅卷技巧**。其实并没有什么技巧，一定要说有，那就是要用心研究，殚精竭虑，遇到任何一个问题都要多问几个为什么，始终抱有质疑的心态。

当然，有些经验是无法复制的，必须有时间的积累，是时间沉淀出来的东西。在没有足够经验的情况下，短时间内又没办法得到这些经验，在交锋时就会看起来过于稚嫩。如果在没有那么多经验的情况下，是不可能对复杂案件准确把控的。

关于经验的问题，在法庭上我也提示过公诉人。我说当年我们在纪委办案的时候有一个顺口溜，"算大账扎两头"。意思是说要指控一个人受贿或贪污，首先算大账，比如说发现他家里有 2000 万元现金、银行账户上多了 1500 万元的现金存款，或者发现他给了别人几百万元。要先搞清楚这样几笔大账的钱的来源是哪里，如果发现有这些情形就让他交代款项来源，就算说不清楚，至少也是巨额财产来源不明。但周文斌的案件很典型，指控他受贿 2000 多万元，但哪里都找不到这一大笔钱，家里没有现金，他本人和家人的账户里也没有，名下也没有固定资产和股票证券等，那他"受贿"的 2000 多万元去哪儿了？如果说 20 万元甚至 200 万元，那有可能是花掉了。但是 2000 万元可不是随随便便就能花得掉的，因为控方也没有出具受贿款去向的相关证据。公诉机关为了使指控逻辑完整，给周文斌做的笔录里记载，几名老板向他行贿 2000 多万元后，又把这些钱再投资给这些老板，让他们开展经营。后来钱也没有了，因为投资经营失败了，全部亏损了。

　　说到语言生动化，我最后在庭上总结："审判长，公诉人的指控逻辑就像我们老家的一首儿歌，妈妈抱着小孩，一扯一拉地唱：扯磨拉磨，磨白面蒸馍馍，馍馍呢？猫吃了。猫呢？上树了。树呢？水淹了。水呢？牛喝了。牛呢？上天了。这个案子仿佛就是如此——钱呢？周文斌收了。放在哪儿呢？又投资给他们了。投资干什么呢？生产飞机。飞机在哪里呢？没有生产。那钱呢？没有了。"我这样在法庭上用这首童谣来说明案件荒唐的指控逻辑。

　　但是，大家也要注意，并不是每个法庭或每位法官都允许律师展开发言，你要尽可能争取到比较自由的表达，用更好的方式表达。因为单纯的、机械性的按照传统的证据的"三性"进行质证，进行辩论，很多时候基本就是无效的。的确，许多案件中机械的"三性"质证根本完成不了实质上的质证。法律是严肃的，但语言却可以是生动的。

　　另外，法庭发言是需要记录的。所以对于重要的发言也要结合案件情况作些调整。

　　说到这里，我想提示大家有时候说话要注意一些技巧，**该快的时候快，该慢的时候要慢**，慎之又慎，尤其是避免一些比较敏感和过激的言语。

　　所以，在法庭上说话速度要有意放慢，至少比正常讲话语速慢一倍，因为**语速放慢，会在说话时给自己留有一些**组织语言的时间，随时可以根据情况适当调整所要表达的内容。因此在任何场合讲话，**尤其是法庭上这种激烈抗辩的情景**，一定要给自己留思考的余地，边说边组织、整理后续的表达。不要图嘴快，**有理不在声高，更不在语速快，关键是冷静、理性、精准**。

　　法律人的基本功是要**会读法条**，但很多学生包括律师对基本的法条研究得都不够细致，比如控辩双方对证人进行的"讯问"和"询问"问题。法庭调查阶段，现行《刑事诉讼法》规定，公诉人和辩护人经审判长许可，可以对证人发问。那什么叫讯问呢？字典上说"讯问"其实就是一种严厉的发问，也是发问，修正前的《刑事诉讼法》对证人的问话用的表述就是"讯问"，很多人不知道。

　　有一年在贵阳开庭的时候，法院也通知一个证人出庭作证，是检察院和法院提前准备好的证人，培训了好几天。法警一带上来，我就用这种非常严厉的语气连续逼问，果然就把他问住了。他出庭作证是要证实我的当事人组织、领导、参加黑社会性质组织，抢别人的矿。说组织里有一个姓朱的，一个姓刘的，一个姓范的，说我的当事人黑老大提出要"先杀猪后宰牛再吃饭"。我就问这名证人这些话是听谁说的，他说是看电视上说的。我说那为什么要说是当地老百姓都这样流传，说黑社会抢他们的矿呢？审判长说我不能用这种态度问证人，他说我这是"讯问"，辩护人应该是"发问"，公诉人才是"讯问"。我说法律规定就是讯问啊，请你看《刑事诉讼法》第 47 条[1]，他果然翻开看，一看他就傻眼了，因为当时那个版本规定的对证人发问用的就是"讯问"。

有人也问我，说您阅卷的时候阅得特别仔细，就是一个字一个字地阅，但是在有限的时间内，阅卷的效率是怎么提高的，有没有很好的方法。

我们看，《刑事诉讼法》第 2 条规定，"刑事诉讼法的任务，是保证准确、及时地查明犯罪事实"，从法条的表述来看，准确在先，也要及时。律师的工作往往不能太讲效率，有时候效率越高越容易失误。

很多年轻律师，甚至跟我同时代的律师，无论大案小案，逢案必接，这样就全年无休，整天忙于开庭、会见，甚至有时候一年能开六十多个庭。但这样在执业过程中，就没有时间去学习，没有时间深入思考，因为他不可能在某一个有意义的案件上花费很多精力，研究得很透彻，做到精得不能再精、细得不能再细的程度。长此以往，辩护水平就难以提高。

所以在律师执业初期，不要过分追求效率，而是要想办法把手里的每个案件做好、做精细，追求辩护效果，厚积薄发。

---

〔1〕《中华人民共和国刑事诉讼法》（1996 年）第 47 条：证人证言必须在法庭上经过公诉人、被害人和被告人、辩护人双方**讯问**、质证，听取各方证人的证言并且经过查实以后，才能作为定案的根据。

法庭辩论

——附张家港非法买卖制毒物品案三易罪名庭审实录

一、法庭辩论的常见问题

学生时期举办模拟法庭大赛的时候，我们最痴迷的就是法庭辩论阶段，在这个过程中，有着证据交锋、法理对抗。可是在实践中，我们却发现这种"针锋相对"的气势变弱了，甚至还有法官觉得辩论可听可不听了，反正有书面意见给我。质证阶段的控辩冲突也不存在了，辩论也是"两轮过后尽开颜"。本来我们期待的辩论阶段，在现实中为何如此不重要了？严格来讲，法庭辩论不应该是轻而易举地"带过去就好"的阶段。它恰恰是整个法庭，整个刑事辩护的大总结、大决战，是最重要的环节。希望这篇文章能唤醒大家对法庭辩论的重视。

我们先看一下，法庭辩论在整个辩护工作中处于什么地位。

……

我感觉，我们当前庭审的法庭辩论有点类似总结陈词。而被告人最后陈述在实践中往往会演化成一句话，变成被告人的最后请求：依法公正审理、依法从轻处罚。

其实法庭辩论是我们律师充分展示对整个案件的分析和辩护观点的总结的非常重要的环节，是要很慎重的。我比较深的感受是，有的律师在法庭辩论阶段就是念辩护词，我在旁边就注意到法官的表情，有的法官就准备"收摊儿"了，这可能是个问题。

我们有些律师在法庭辩论的时候是盲目地辩护，把起诉书中指控的罪名从头到尾罗列一遍，没有核心的辩护观点，也没有论证的逻辑，更没有理论的支持。理论还是必须要有的，出色的辩护工作是一定要有理论指导的。

那么针对法庭辩论，有可以把握的基本方向吗？

我把刑事辩护看成各方参与人的活动，广义上讲，法官也是诉讼参与人。各参与方都有各自的利益：当事人、公诉人、辩护人、法官、被告人的近亲属以及关系密切的人，他们都有不同的利益。一个刑事案件的结果是诸多要素共同起作用的，就看这些要素是怎么起作用的，尤其是要看哪个要素的力量更大。这些要素相互作用起来，会怎么影响案件的走向？这都是要考虑的问题。

有律师认为，在法庭辩论中，就是要说服法官，甚至只要说服法官，把道理讲清楚，你就能赢。如果没有法官可以自由、独立地根据事实和法律按法定程序判案这样的前提，**你把道理讲得再清楚，讲得再对，讲得再准，也不一定会赢得诉讼**。这就是当下的司法实践。

有一类案件就比较容易达到这样的效果，比如认罪认罚案件、普通的自然犯案件，辩论的重点是把案件里面的问题找准，要表达得清晰，讲得容易听懂，这样容易说服法官，法官也会慎重考虑你的辩护意见。

但是还有一类案件，辩护起来是不一样的。比如职务犯罪案件，如股东之间的经济纠纷，双方的利益冲突很明显，一方利用自己的社会资源去打击对方。还有一些特定背景下的案件，像扫黑除恶案件，可能存在的问题就是，不是律师把事实讲清楚、道理讲明白，辩护观点就能得到采纳。如果辩护仅限于庭审中的形式辩护，那基本上就是走过场了。

这涉及刑辩的内核是什么。

对于这个问题，我有两点看法。第一点，从技术角度出发，辩护律师在法庭上就是打仗，而且要想办法打赢，这是本质的要求，否则找你律师干什么呢？第二点，什么才是赢？有一次我去看守所会见，在等候当事人的时候，听到另一个案件的当事人和律师聊天。当事人说，检察院说了，给我的量刑建议是10

个月。律师问是 10 个月左右，还是 10 个月以上或者以下？被告人说就是 10 个月。律师说，好啊，检察院给你建议 10 个月量刑，法院往往会判 12 个月，所以我就申请法院判轻一点，争取判缓刑。

但 10 个月的缓刑就一定比实刑好吗？这要看当事人的感受。

我有一个观点，就是不要轻易做有罪辩护。甚至我有更极端的观点，**每一起案件都要有无罪辩护的思维**。因为在法庭上，所有的事实都是由证据组成的，证据数量的多少、关联性的强弱、证明力的大小、如何被用来证明待证事实，不同的人有不同的看法。律师水平也是有高有低的，并不是每个律师都可以搞刑辩，并不是每个律师都可以像辛普森的律师一样能够轻松地驾驭庭审，说服陪审团。

法庭辩护的时候会涉及此罪彼罪，一个重罪一个轻罪的问题，那么，要不要明确地说是构成那个较轻的罪名？

当庭辩论的时候，遇到这种情况我**一般会说不构成指控的某罪，不会说构成另外一个罪**。庭下的话就要看情况，比如法官说定重罪有问题，但是你从各方面分析事实，发现还是有社会危害性，实际上也已经羁押了两年半，而定某个罪可能最多判三年的话，我觉得私下沟通提示一下，也是可以的。

实践当中，有时候也会遇到类似的问题。我原来辩护一个案件，起诉的是诈骗罪，根据当时的数额，要判 10 年以上，我认为不构成诈骗罪，就做无罪辩护。一审判决有罪后，被告人上诉，二审法院发回重审，重审后还是有罪，被告人又上诉，二审法院又发回重审。其实这个案子，法院也觉得定不了，检察院又追着不放，法院最后依据一个检察院没有起诉的事实判了有罪。这个事实的确在起诉书里有所描述，案卷和证据也有，说他是收了别人送来的购物卡，后来法院就判了个非国家工作人员受贿罪，免除处罚，把被告人放了。

这样的情况也有，还是要具体案件具体分析。

中国的司法实践比较复杂，我们要看清形势。好多年前我辩护的一起案件，受贿罪，一审判 10 年，二审发回重审。我们做无罪辩护，法院也认为是无罪。但是开完庭还没有判的时候，检察院又追加一个起诉，追加的是玩忽职守罪，最终是认定了玩忽职守罪，但是免除处罚。

所以有时候，不能完全脱离实际来讨论具体的辩护工作。一定要牢记具体案件具体分析这个道理。

二、辩护意见如何呈现

下面说说**辩护意见的呈现**。我们的辩护意见，除了口头发表，还要留下书面的载体，书面辩护意见对辩护的效果有不可忽视的作用。我认为书面辩护意见是法庭辩论的载体，那它有什么结构？有的律师是起诉书怎么指控，辩护意见就怎么排下来。有的律师说按四要件写，还有的说按三阶层写……究竟怎么写才是合适的？

我认为写辩护意见或辩护词的时候，应该是突出重点，不一定要与法庭辩护完全一致，也不只是把口头意见变成文字。我一般会写要点，比如这个案件有三大问题，每个问题有一些小点，等等。

考虑到法官可能会引用或者反驳几条辩护意见，所以辩护意见的篇幅还是不要太长，内容太多了，不便于法官发现重点。我曾经看到一个律师一审写了88页辩护词，我看了十几页还没看到和案件有关的任何事实问题和证据问题，也没有法律问题的分析，他写的大部分是法理问题，把不同学者的观点意见各摘录了一下，写了十几页，这样其实不便于法官发现辩护观点。

可能每起刑事案件都有一些非常简单而又重要的，可能只有资深的、有经验的辩护律师才能挖掘到的核心辩点，一起案件可能有几百本的案卷，但最重要的核心问题往往可能只有一个，一两句话就能说清楚。

我把这种辩点叫做"案眼"。

比如有个案子的案卷有几十本，指控被告人受贿100万元，但是看完几十本案卷，你发现其实用一句话就可以做无罪辩护，因为收钱的人没到案。有一个证人只是听说了受贿的事情，还有个证人说不知道这件事，最后认定的是收钱人的哥哥构成受贿。这几十本案卷只有一个传来证据，当然不足以支撑指控。所以必须突出案眼，这个案眼，可能就是一两个突出的点，你把这个抓住了阐释清楚，就够了。

比如还有一个案子，指控事实中有"以明显低于市场价的价格购买房产"，但是案卷中并没有体现市场价。

至于辩护中如何对待庞杂的证据，我认为**辩护律师不需要把每个证据都展开质证**。我们有时候也说对一些细枝末节的无关证据可以不发表质证意见，是因为有些证据和案件没任何关系，也没有必要花费力气质证。但是案卷中往往会出现这种情况，我们不要被这一堆堆的无效证据干扰了视线，而是始终要抓住主要矛盾。

我们是"破"，公诉人是"立"，他有100个证据，我们破了一个，就有可能收到预期的效果，重点是要知道什么是关键证据和重点证据。就像100个桥墩才能支撑一座大桥，但如果能找到这座大桥的核心力点，炸掉这一个关键的点，桥就塌了。找到了这个核心的点，需要工程师，因为他知道哪个位置对桥最重要。

三、法庭辩论的非常规问题

在法庭辩论的过程中，有时候公诉人说一套，辩护人说一套，不在一个层面上，没有交锋。比如指控的犯罪事实，他专挑几个点，在节奏上不能形成交锋。那怎么才能把法庭的注意力激发起来呢？我们应当知道，检察官队伍的总体素质越来越高，但也有一种现象值得注意，那就是办理重大疑难复杂案件的公诉人，往往并不是那些资深的、水平很高的公诉人，往往是一些刚出校门不久的年轻人。我倒不是说年轻公诉人的业务能力不行，但是他们也的确有工作经验不足或社会阅历不够的问题。这样的公诉人办理重大疑难复杂案件时，和资深的律师就不在一个重量级上。这就会导致他说他的、你说你的这种缺少针对性的辩护。针对他说的问题，往往你挑出个核心的逻辑错误，说他违背了形式逻辑的某个规律，他搞错了。但他就是没法在这个层面和你有效地辩论，不能形成有效的辩论。另一种情形就更令人失望了，那就是这些公诉人把学校里辩论赛的那一套所谓的技巧拿到法庭上，时而背书一般，时而吵架一般，完全没有上路。

此外，也还有时间和精力的问题。我的一个辩护思路，很可能是从之前的十几个二十个思路当中不断淘汰、不断挑选出来的，甚至我做梦的时候都在琢磨案件的细节，但是公诉人好像不太可能有这个精力，也没这个动力。

刑事辩护实践中还有很多难题。我们也遇到过法官为难律师的情况。这么多年来，我们遇到的冲突不只是控辩冲突，还有辩审冲突，甚至后者更为激烈，这是中国刑事辩护实践的一个特色。

很多时候，公诉人开庭就是完成任务，只要把证据念一遍，甚至不是把证据念一遍，而是只要把证据目录念一遍就行。而法官要推进庭审，迅速结案。有时候审判任务比较重，某个案件的庭审任务今天一定要完成，时间就会比较紧张，恰恰辩护人又想充分发表辩护意见，这就必然会发生辩审冲突。我们注意到这么多年以来，辩审冲突比控辩冲突要多，法官频繁打断辩护人发言是很常见的现象。尤其是年轻律师，更会被打断发言。当然，这也可能是因为个别律师的发言不够简练，重点不够突出。

但是如果涉嫌五六个甚至十几个罪名，有几百本案卷，给律师五分钟的时间发表辩护意见，那怎么够呢？

2012 年，在贵阳小河法院审理黎庆洪、黎崇刚涉黑案的庭审阶段，开庭前审判长说每位辩护人说五分钟，当地还有律师说五分钟都长了。我和他说，你怎么能说五分钟都长了呢？我就坚持说，辩护人要依法发表辩护意见。法官问多少时间够？我说，说完了才够。法官又说，起诉书指控的事实，有些不是犯罪，有些是犯罪，你要不要每点都发表辩护意见？

我说，我本来半小时就能说完，你打断我，我会尊重你，但是你要解释打断我发言的理由，你解释完了我再反驳一下，或者我再作一些解释，会不会更浪费时间？此外，我也可以采取放慢语速等战术："关于起诉书第五页第一起指控的，这一起犯罪事实，辩护人将发表三个方面的意见。首先，从基本的事实来看……"你总要让我把五起犯罪都辩护完吧？这样你怎么打断？法官又会说你语速快一些，但被告人可能不一定听得清楚，我还会提示下被告人，问他听得清楚吗，被告人说听不清……这样的效果是不是更差？

法官原则上不应该随意打断辩护律师的发言，除非有些律师准备工作没做好，重复过多，有的律师还在法庭上找不到资料耽误时间，或者发言不够简洁简练，或者脱离基本案情，扯得无边无际。

不过最近的一次开庭我遇到了另一种情况，本来庭前沟通得很好，但是一开庭却遇到了下面的问题。

这次是视频开庭，一开庭，被告人就说他刚量完血压，结果是101/188，身体有点吃不消，还是等疫情结束后再审吧。我说，本来我们同意这样审理，但今天我注意到，公诉人和法官比较年轻，可能对高血压没有概念。

高血压之前的标准是80/120，现在 WHO 的标准是 90/140，刚才被告人的血压是101/188，这是严重的高血压。这说明被告人是处于高血压病态。这个病和其他疾病还不太一样，即使癌症晚期病人接受审判也很少会发生意外，但是高血压病人极有可能因脑血管疾病出现意外。一种是脑血管破裂，出血；一种是脑血管阻塞，中医叫中风，会导致人的昏迷、偏瘫乃至死亡。这个问题你们不了解，但是医生了解，现在是被告人通过视频说的，我们也不知道真的假的，法庭是不是先和那边的法警和医生核实一下？如果是真的，那这个案件今天不能审理。你看他情绪激动，双手在发抖，要是发生审判事故，要追究的是审判长的责任，而不是辩护人的责任。法官说继续审理，那边有医生。我说有医生在，血压还这么高，就更可怕了。法官说那就再量一次，量了之后那边不敢报。我猜测的是量的结果更高了。被告人还要量第三次，说不干了，不审了，要不然就死了。对律师而言，虽然很难控场，但是不能怯场。

当然，最后案子还是法官判的，律师和法官的矛盾最好不要影响到最后对当事人的判决。律师要始终把当事人利益最大化放在第一位，有时候律师宁愿自己忍辱负重，也不愿意和法官发生正面冲突。如果对法官有什么不满，也会庭后和他交流。这就导致本来在法庭上要回复的，但为了维护法官的尊严，也就没有提。律师原本不是怕法官，但我有当事人在你手里，就会多考虑一些。

我的感受是：具体采用什么策略，要和被告人的性格、诉求相结合，如果被告人自己主动抗争，我们就要和他统一节奏；如果被告人投鼠忌器，辩护人也不能一味勇往直前，不然辩审冲突的恶果也会落到当事人身上。

四、咬住了就不要放松

2018 年，我在江苏张家港办理了一个案件，是公安部督办的，据称是新中国成立以来最大的非法买卖制毒物品案，涉案制毒物品 2 万多吨。公安部交给张家港公安办理，全案抓了 61 人。当时是河南的一位律师找到我的，他说当初接的时候也不知道是这么大的案子，事实有，证据也有，被告人都认罪，怎么办？

我问，案件现在到哪个环节了？他说已经起诉到法院，马上就开庭了，我当时是想既然马上就开庭了，我就去友情客串帮个忙出个庭，也不会牵扯太多精力。

结果去了一看，我才发现这个案子是可以做无罪辩护的，虽然当事人买卖涉案物品都是事实，但是我认为无罪，为什么？主要是因为当事人涉嫌非法买卖的制毒物品是卖给了一个合法经营的企业，用于正常的工业生产，而不是卖给毒品贩子去制毒了。

最高院《武汉会议纪要》里面有一个出罪条款，讲的就是毒品类的犯罪，对于买卖制毒物品，如果是用于正常的生产生活，一般就不以毒品犯罪来追究。当然这其中有潜台词，也许这个行为可以以其他的罪名追究。但是作为刑事辩护律师，我先不管究竟应该以什么罪名追究，我先把毒品犯罪给拿掉再说。最后果然成功了，检察院经过三次起诉，两次更换罪名后，撤回起诉了。

下面，我把这个案子先后三次起诉和开庭的情况回顾一下，可能会更好地展示专业辩护的重要性。

第一次：针对非法买卖制毒物品罪的当庭辩护意见

一、本案指控的基本事实不清、证据不足

本案指控各被告非法买卖 21 535 830 千克甲苯，但是现有证据除办案机关查扣的 29 460 千克外，其余 21 506 370 千克在用货单位东明石化公司和新海石化公司的收货"化验结果报告单"中检测未显示有甲苯。

从在卷证据上看，有部分证人证言和购货合同、提货单等显示连大公司购买的是"甲苯"；另一方面又有证据显示连大公司购买的货物并不是"甲苯"。

东明石化、新海石化两家购买企业收货时，经专业技术人员用专业仪器设备进行检测，得出的报告结论为"芳烃"。需要注意的是，证明连大公司购买的货物为"甲苯"的证据效力和证明能力低于证明东明石化、新海石化两家公司收到的货物实为"芳烃"的证据效力和证明能力。该案证明标的物为"甲苯"的证据只有证人证言和部分书证，而证明为"芳烃"的证据不仅有证人证言、书证，还有检测报告，以及实际使用的后果作为佐证。

故本案中指控的标的物中绝大部分究竟为何物事实不清、证据不足。

二、起诉书指控的"连大公司采用欺瞒的方法将购得的甲苯作为不受国家管控的芳烃销售给没有甲苯购买许可证的江苏新海石化有限公司及山东东明石化集团有限公司"，这一情节并不是本案是否构成犯罪的必要条件

甲苯和芳烃的关系：甲苯是一种产品，芳烃是一种类别。二者的关系就像"苹果"与"水果"的关系一样，把苹果称为水果，并无不当。因此，连大公司把甲苯称为芳烃，并非错误，更不违法，也不属于"欺瞒"行为。

三、连大公司销售经营甲苯属于合法经营，没有违反法律、法规

连大公司的"营业执照"上登记核准的范围有甲苯的销售业务。连大公司的《危险化学品经营许可证》上的许可范围也包括甲苯。连大公司在办理的"第二类、第三类易制毒化学品购买备案证明"中也明确显示有甲苯，该案的核心问题是连大公司有经营甲苯的许可证和备案证明，本质上不可能具有非法买卖甲苯的前提。

四、连大公司销售甲苯的行为，不符合《刑法》第350条的罪状描述

该条规定的前提是"违反国家规定"，根据《刑法》第96条规定，"违反国家规定"是指违反全国人民代表大会及其常务委员会制定的法律和决定，国务院制定的行政法规、规定的行政措施、发布的决定和命令。而相关国家规定对于经营甲苯这类物质所需要的是《危险化学品经营许可证》和《易制毒化学品备案证明》，连大公司有合法的营业执照和上述两证，故其经营活动就不

属于刑法意义上"违反国家规定"的范畴。

五、东明石化和新海石化购买甲苯的用途是合法生产，而非用于制毒或者再次倒卖

连大公司在公安机关核准的"第二类、第三类易制毒化学品购买备案证明"中注明用途是"汽油添加剂"，所有证据也显示东明石化和新海石化购买甲苯的确是用作汽油添加剂，没有用作其他非法用途或者不明确用途，其行为属于司法解释所明示的出罪条款。

《最高人民法院关于审理毒品犯罪案件适用法律若干问题的解释》第7条第3款规定："易制毒化学品生产、经营、购买、运输单位或者个人未办理许可证明或者备案证明，生产、销售、购买运输易制毒化学品，确实用于合法生产、生活需要的，不以制毒物品犯罪论处。"该条规定的前提其实指的是"未办理许可证明或者备案证明"而生产、经营、购买等行为，而本案连大公司是有"许可证"和"备案证明"的企业。现有证据已经证实东明石化和新海石化购买的甲苯全部用于汽油的生产，该两公司是合法的炼油企业。所以说即便连大公司没有"许可证明"和"备案证明"而将甲苯销售给东明石化公司和新海石化公司，也不构成犯罪，何况连大公司在具有"许可证明"和"备案证明"的情况下，将甲苯销售给东明石化和新海石化用于合法的炼油生产，更不可能构成非法买卖制毒物品罪。

六、对易制毒物品是否构成犯罪的问题，从相关司法解释的演变来看，本案连大公司及被告人也不构成犯罪

（一）2009年6月23日颁布的《最高人民法院　最高人民检察院　公安部关于办理制毒物品犯罪案件适用法律若干问题的意见》第1条第（3）项规定："易制毒化学品生产、经营、使用单位或者个人未办理许可证明或者备案证明，购买、销售易制毒化学品，如果有证据证明确实用于合法生产、生活需要，依法能够办理只是未及时办理许可证明或者备案证明，且未造成严重社会危害的，可不以非法买卖制毒物品罪论处。"

（二）2012年5月16日最高检、公安部印发《最高人民检察院　公安部

关于公安机关管辖的刑事案件立案追诉标准的规定（三）》第6条第4款规定："易制毒化学品生产、经营、使用单位或者个人未办理许可证明或者备案证明，购买、销售易制毒化学品，如果有证据证明确实用于合法生产、生活需要，依法能够办理只是未及时办理许可证明或者备案证明，且未造成严重社会危害的，可不以非法买卖制毒物品罪立案追诉。"

（三）2016年4月11日起施行的《最高人民法院关于审理毒品犯罪案件适用法律若干问题的解释》第7条第3款规定："易制毒化学品生产、经营、购买、运输单位或者个人未办理许可证明或者备案证明，生产、销售、购买运输易制毒化学品，确实用于合法生产、生活需要的，不以制毒物品犯罪论处。"

从上述规定来看，对于未办理"许可证明"和"备案证明"的生产、经营、购买、运输行为的入罪标准是有所变化的，即2016年的最高院司法解释去掉了"依法能够办理只是未及时办理许可证明或者备案证明，且未造成严重社会危害的"这一要求。这一条的变化可以看出，能否定罪重点考察的是实际用途，而不再是强调是否有"许可证明"和"备案证明"以及是否"依法能够办理只是未及时办理许可证明或者备案证明"。

综合以上司法解释演变过程来看，本案即便在最早的司法解释条款约束下，也不构成犯罪。首先，在卷证据能够充分证实涉案的全部甲苯是用于新海石化公司和东明石化公司的合法生产；其次，连大公司有相关许可证明和备案证明，对于具体的销售后的备案，也属于依法能够办理只是未及时办理的情形；最后，没有造成任何社会危害的结果，更没有造成"严重社会危害"。而根据删除了"依法能够办理只是未及时办理许可证明或者备案证明，且未造成严重社会危害的"条款的现行司法解释，本案连大公司和被告人的行为则完全不构成犯罪。

国务院第445号令颁布的于2005年11月1日起施行的《易制毒化学品管理条例》第1条规定："为了加强易制毒化学品管理，规范易制毒化学品的生产、经营、购买、运输和进口、出口行为，防止易制毒化学品被用于制造毒品，维护经济和社会秩序，制定本条例。"可见国家对易制毒化学品生产、经营、购买、运输和进口、出口行为的管理是出于防止易制毒化学品被用于制造毒品。

而本案中，全部甲苯均用于石化企业的汽油添加剂，未流向制毒单位和个人，也没有流向不特定的社会对象，没有危害社会的风险。

本案的主要问题是连大公司将甲苯卖给了虽然是用于合法生产但是却没有办理购买备案证明的两家企业，而该行为是典型的一般性行政违章行为，对此行为按照公安部的《易制毒化学品购销办法》的规定给予罚款处罚即可。否则对于合法企业的正常生产经营而言，仅仅是由于存在一般性行政违章就一律按犯罪来处理，显然不利于社会主义市场经济的发展。

七、连大公司在经营过程中存在的管理不规范的情况，可以通过引导加以规范，不宜以刑事犯罪论处

这次庭审结束后不久，检察院申请延期审理，我以为打赢了这场官司，还挺高兴。结果当事人又和我说，前方传来消息，检察院变更罪名又起诉了——销售伪劣产品罪。一查法条我吓出一身冷汗，2万多吨、一个多亿的标的额的伪劣产品，刑法的量刑档次是15年有期徒刑到无期徒刑。变更起诉之前的非法买卖制毒物品罪，检察院建议的量刑档次是7年以上15年以下有期徒刑。难道说，经过我的无罪辩护，现在的量刑变成了最低15年，最高无期？

当事人那边傻了，问朱律师这怎么弄？我说怎么弄，还是我来，买一送一，继续做无罪辩护。

还无罪？

是的，还无罪。

检察院指控销售伪劣产品，首先我们要弄清楚国家要求产品符合标准的标准在哪里。这个案件很简单，我们买的产品叫甲苯，卖给别人的时候发票上的内容写的是芳烃。公诉人就是认为这是以次充好，是销售假冒伪劣产品。

这个时候就要研究化学问题，找化学专家讲这个案件中到底有没有伪劣产品。我们首先要搞清楚什么是甲苯，什么是芳烃，它们之间是什么关系。其实很简单，甲苯就是芳烃，芳烃是一类化学物质的总称，甲苯是一种化学物质。我就觉得这个案件有戏，必赢这一场战争，于是继续做了大量的工作。为了确保万无一失，我们申请了专家辅助人出庭作证。但是很多专家一听说是公安部

督办的涉及毒品的案件，都不敢接。后来找来找去就找了一个年轻人，是刚刚毕业的博士。我说在庭上只需问你三个问题就可以。第一个问题，什么叫芳烃？第二个问题，什么叫甲苯？第三个问题就是甲苯和芳烃的关系。这就够了。

后来公诉人又说，不管芳烃是不是包括甲苯，它们都含有有害物质。被告人把有毒有害物质卖到当地，当地的石油炼油企业把它加到汽油里卖给消费者，而且都消费了，这给社会造成了危害。

当指控逻辑转到这个方面，我就说，汽油燃烧以后产生的有毒有害气体，主要指二氧化硫，也就是含硫化物的成分。甲苯是碳和氢原子组成的，燃烧以后产生的是一氧化碳和水，没有硫化物。再者说公诉人没有证据证明这 2 万吨货卖到当地以后，当地的空气发生了什么显著性的变化，有具体数据吗？指控要有证据，但公诉人没有证据。

公诉人开始的时候说，被告人买的是甲苯，为什么卖给别人要写成芳烃？我就说芳烃和甲苯是水果和苹果的关系。至于说汽油标准问题，我们就找到国家标准来回应。所以我们是在不断地穷尽所有的技术手段，堵住所有指控的退路，给它一个全包围，不留任何可以指控的缝隙。至于公诉人说的这个物质在汽油中不可以添加，其实和我的当事人已经没有关系了——炼油企业买了之后怎么用，和卖方没关系啊。但我们还是要想办法弄明白汽油里可不可以添加芳烃。

我找到国五汽油强制标准，按照这个标准，允许在汽油里添加芳烃，40%以下都是合法的。就是说芳烃是可以加到汽油里面去的，我们国家强制标准里面有相关的规定。我还找到美国的资料，找到日本的资料，我发现西方发达国家早在 20 世纪就开始把芳烃添加到汽油里面，以提高其辛烷值。我还提供了中国的一些专家教授最新发表在刊物上的一些理论文章，他们都在研究把芳烃加到汽油里面，以提高汽油辛烷值的技术工艺。

在开庭期间，我们准备了大量的书籍、刊物，充分地阐述甲苯和芳烃的关系以及各自的危害性、是否允许添加到汽油中，从而论证我们这个产品完全是正当生产经营所用的原料，不存在销售假冒伪劣产品的情形。

第二次：针对销售伪劣产品罪的当庭辩护意见

一、本案审理的基础在于厘清甲苯与芳烃的概念及关系

起诉书指控："被告人在担任被告单位连大公司实际负责人期间，从多家公司购进甲苯后，安排他人在卸货之前把送货单据上的货品名称从甲苯更换为芳烃，将购得的甲苯作为芳烃销售……"公诉方的指控存在一个严重错误——甲苯作为一种物质，从属于芳烃这一类物质，甲苯即芳烃，芳烃包括甲苯。因此，芳烃不是几种物质混合起来的一个新物质，而是具有苯环结构的一类物质。所以，公诉方界定的概念发生了错误，从而对本案被告人及被告单位进行了错误的指控。

（一）中学、大学教材，专业著作与文献及国家官方文件等均可证实甲苯属于芳烃

1. 高中教材《有机化学》（人民教育出版社）第 37 页讲到什么是芳烃，芳烃又叫芳香烃，包括甲苯；山东科技出版社出版的高中化学教材，第 7 页讲到甲苯与芳烃的概念及二者之间的关系。

2. 化学工业出版社出版的《有机化工原料大全》（1986 年版）一书中，在芳香烃这一部分重点讲解了芳香烃，芳香烃又叫芳烃，其中包括甲苯、乙苯还包括异丙苯等，其用途是作为汽油掺合料、汽油添加剂。

化学工业出版社出版的《化工产品手册》第 8 页讲到了甲苯的用途，甲苯是基本的化工原料之一，大量用于提高辛烷值的汽油馏份和多用途的溶剂。第 9 页讲了甲苯与乙苯的问题。

同样也是化学工业出版社出版的《石油化工手册·基础有机原料篇》，书中有一章节名称为"石油芳烃——苯、甲苯、二甲苯"，即石油芳烃包括苯、甲苯、二甲苯，甲苯属于芳烃的一种。同时书中提到甲苯主要用作溶剂和辛烷值汽油的添加剂，日本在 20 世纪 70 年代就开始把它用作汽油添加剂。

3. 武汉理工大学出版社出版的大学教材《有机化学》（2004 年版）讲到芳烃又叫芳香烃，是有苯环的碳氢化合物，包括甲苯、乙苯、正丙苯、异丙苯等，它们的共同特点是单环芳烃，用途是作为汽油添加剂。

4. 从国家数据库里检索的化工领域的最新的科研成果，以《广州化工》和《安徽化工》两期刊为例，学者发表在上面的文章如《新型汽油抗爆剂发展研究》一文，讲到芳烃类有机化合物是高效绿色环保抗爆剂的主要结构，提高汽油里的抗爆成分即提高其抗爆性要用芳烃。《中国新技术新产品》2012 年第 11 期还有一篇题为《外购芳烃组分高标准提炼后的高变量可行性分析》的论文。

5. 财政部、国家税务总局《关于调整部分燃料油消费税政策的通知》（财税〔2010〕66 号）第二条明确"芳烃等化工产品具体是指苯、甲苯、二甲苯、重芳烃及混合芳烃等化工产品"。

（二）经申请有专门知识的人出庭作证，可进一步明确甲苯属于芳烃

经辩护人申请，毕业于中国石油大学（北京）化学工程与技术专业、现任教于常州大学化工专业的石建博士出庭就本案涉及的专业知识问题进行解释，常州大学是与中石油合作的具有石油化工特色的大学。

石建博士到法庭上讲得很清楚。首先，从概念上来讲，甲苯是特指某一种物质，是一个苯环加一个甲基；而芳烃是指一类物质，通常是指含有苯环的碳氢化合物组成的物质。判断一个物质是不是芳烃，主要有两点：一是否含有苯环，二是否是碳氢元素组成。甲苯满足这两个条件，所以甲苯是芳烃，但甲苯是某一个物质的名称，而芳烃是一系列物质的名称，甲苯与芳烃是从属关系，即甲苯属于芳烃，但芳烃不一定是甲苯。

其次，从用途上来讲，甲苯作为一种添加剂添加到汽油当中，能够提高汽油的辛烷值，增加汽油的抗爆性，这是化工行业的一个共识。我国在 2016 年发布了车用汽油的国五标准，明确提出芳烃的含量在汽油中不能超过 40%，也就是说甲苯可以作为添加剂添加到汽油中，以提高汽油的性能，但是根据国家规定，不得超过芳烃的添加量。

综上，本案核心问题在于对基础概念"甲苯"与"芳烃"的界定，经列举中学、大学教材，专业著作与文献及国家官方文件等材料，申请有专门知识的人出庭作证，合议庭完全可以明确在化工领域，甲苯作为种概念，从属于芳烃这一类概念，即"甲苯是芳烃"这一论断完全成立。因此，明确这一基础问题，本案被告人及被告单位将买进的"甲苯"作为"芳烃"销售是合情合理合法、

完全正当的，不触犯任何法律，也不存在构成犯罪的问题。

二、本案不存在犯罪事实，被告人不构成销售伪劣产品罪

起诉书指控，"被告人以假充真，以次充好，销售伪劣产品，其行为触犯了《刑法》第140条，应当以销售伪劣产品罪追究其刑事责任"。事实上，被告人及被告单位将买进的"甲苯"作为"芳烃"销售是依据买卖双方合同约定，向其交付符合其要求的化工产品，且经收货方检验合格，不符合销售伪劣产品罪的构成要件，也不具有社会危害性，故本案不成立犯罪。

（一）被告人的行为不符合销售伪劣产品罪的构成要件

1. 本案不存在销售伪劣产品罪的四种法定情形——在产品中掺杂、掺假、以假充真、以次充好或者以不合格产品冒充合格产品。

起诉书指控被告人"以假充真、以次充好"，此前辩护人已证实甲苯属于芳烃的一种，产品本身就是真的甲苯，虽然销售合同上标记的是芳烃，但甲苯即芳烃，被告人及被告单位购买的是合格的甲苯，涉案产品经鉴定属合格产品，那么被告人销售的产品"假"在哪里、"次"在哪里？举个简单的例子，甲苯与芳烃就如同苹果与水果之间的关系，把购买来的甲苯当芳烃卖出，卖的时候说是芳烃，就像拉了一车苹果来卖，卖的时候说是水果，购买人买了之后，难道出卖人就成立销售伪劣产品罪吗？本案既不是以假充真，也不是以次充好，反而有证据证明产品既不是假的也不是次的，而是符合标准的甲苯。

2. 本案销售的化工产品并没有统一的合格标准，认定"伪劣产品"属事实不清、证据不足。

起诉书指控被告人及被告单位销售伪劣产品，但公诉人并不能提供一个所销售产品的合格标准，即本案销售合同中销售的"芳烃"并没有统一的合格产品标准。就像刚才讲到的，国家也不可能有关于水果的产品标准，但可能会有苹果、橘子等具体水果种类的产品标准。因此，在无法举证销售产品的合格标准的情况下，指控被告人及被告单位销售的产品不符合标准，这一指控逻辑不能成立。

公诉人以地沟油作比，但地沟油并没有标准，食用油才有国家标准。因为

食用油的国家标准有很多种，可能有猪油、菜籽油、花生油或橄榄油的标准，而地沟油经鉴定后无法符合任一种食用油的国家标准，才可以认定为假冒伪劣产品。但本案中，芳烃并没有统一的产品合格标准，无法进行同样的类比。这是一个概念混淆导致的认识错误，是一个不适当的起诉。

3. 公诉人称被告人将购买的甲苯未经生产加工直接销售给下一买家，没有进行再生产，节约了成本，从而认定其构成销售伪劣产品罪属指控错误。

甲苯要通过怎样的再加工变成芳烃？这个问题全世界的相关技术人员也不可能解决。芳烃本身就是一个种类的概念，而非某一种具体的产品，辩护人已反复论证甲苯属于芳烃的一种，又如何能通过再加工把甲苯变为芳烃呢？这从理论和实践层面都是不可能实现的。因此公诉人的指控逻辑完全错误。

4. 关于公诉方对被告方买入甲苯后将发票内容换为芳烃，并再行出售的指控。

如果公诉人有基本的经济学常识，就不会提出这样的疑问。被告方是从上游买家处购买的甲苯，是上游买家给被告方公司开具了甲苯的票据。被告方要将其购买的甲苯卖给下游买家，就必须以被告方公司的名义向下游买家出具新的票据，这是一个必经的转换过程。至于"甲苯""芳烃"二者名称的改变，此前已论证过二者之间的关系，不再赘述。

（二）公诉方指控被告方卖出的甲苯被买方用于加入汽油的后续行为与本案无关联，不能作为认定本案成立犯罪的依据

公诉方指控时强调买家购买的是芳烃，因为被告方交付的是甲苯，致使买家在生产汽油的过程中添加了高含量的甲苯，而不是加入了苯的混合物芳烃，从而造成一定的危害性。

首先，公诉人并未提出相关证据证实这一指控的真实性，芳烃是生产汽油的重要添加物，汽油生产中对其中含有的苯和芳烃的含量有明确要求，但公诉人并未明确这个标准是哪一个标准，以及违反的具体情况，而买方是否将购得的产品加入汽油、汽油是否因此产生影响并导致危害均不得而知。

其次，本案的被告单位和被告人是卖甲苯的，不是卖汽油的，也更没有与买方公司合作加工汽油并销售，因此如果买方生产、销售的汽油出现质量问题，与被告人及被告公司没有任何关系。本案论证的问题在于卖方即被告方销售的

产品是否合格，而购买甲苯的买方公司是否将其添加入汽油，加多加少，跟本案没有任何关联性。

（三）被告人的行为不具有社会危害性

1. 本案被告人及被告单位依据买卖双方合同约定，向买受产品的两家公司交付了符合其要求的化工产品，且经其检验合格入厂，不具备犯罪应具有的社会危害性。

本案买卖双方签订的芳烃买卖合同中明确约定了买家公司所要购买的芳烃的具体标准，作一简单类比，一个买家提出来要买水果，列举了水果中的水分、糖分、蛋白质、维生素、无机盐等具体含量标准，按照这一标准找到符合要求的水果是苹果，于是卖家向买家交付了符合其要求的水果即苹果，也经买家验收合格。难道说因为买家说要买的是水果，卖家给的却是苹果，苹果就是一个"伪劣产品"？结合本案，买方公司在合同中向被告方提出了有具体质量标准的化学产品需求，被告方根据该标准去采购了符合买方要求的产品即甲苯，然后交付买方并经验收合格，这显然不具备社会危害性，不能成立犯罪。

2. 公诉人提出被告人及被告单位的行为破坏了社会主义市场经济秩序的指控不能成立。

从社会主义市场经济秩序层面来看，本案对社会经济产生的影响并非是被告方卖了大量的有毒混合物品给社会经济造成混乱，导致环境污染，反而是因为这个案件的查办，导致一个有营业执照和危险化工生产许可证、正常经营甲苯生产和销售的化工企业负责人被抓。直至今日庭审，被告企业一直处于停产停业状态，工厂职工下岗，这对张家港的经济没有任何好处。张家港是全国最大的化工产品集散地，本案的查处，使得本地想买甲苯的人无法购买，想把汽油调和到更高标号也不能实现。本案中被告方把甲苯写作芳烃卖给下游两家公司，并未造成任何社会危害，完全不具备社会危害性，公诉方认为其行为破坏了社会主义市场经济秩序的指控是凭猜测、想象作出的，不具有相关证据支撑，反而有事实证明这个案件不正当的查处，对社会经济产生了相应的危害。

最高人民法院发文强调保护企业家，保护企业合法利益并支持其合理诉求，而本案中，一个合法的企业和企业家，仅因为合同签订的写字习惯问题，把甲苯写成芳烃就认定其成立犯罪并判处 15 年有期徒刑。这是保护民营企业合法利益、保护企业家的表现吗？我们希望，在江苏这个经济比较发达的地方，能贯彻最高人民法院的司法精神。本案现有事实和证据不能证实犯罪成立，却致使一个普通的企业家无辜地被追诉并长期羁押，工厂停工、工人下岗，社会经济损失惨重，这不是司法应有的状态。

作为本案的辩护人，希望检察机关能够认识到，作出的指控如果没有充分的证据支持，不成立犯罪，就应当及时撤诉。同时，也希望合议庭能够实事求是，根据本案查明的事实和在案证据，依法作出无罪判决。

我以为这次肯定成功了。没想到的是，过了一个月，检察院又变更起诉了，这次的罪名又变成了非法经营罪。

这下完了，都说非法经营罪是个大口袋罪，大口袋罪的最后有一个兜底条款——"其他"。我感觉当事人已经不相信我了，他又请了一个律师，还搞了一个专家论证，到第三次开庭的时候，我才看到这份专家论证书，结果里面的专家，我大多不认识。再翻翻资料，我又发现一个重大错误，专家把刑法的"谦抑性"中的"抑"字写成了"利益"的"益"。我说不管这是打字的错误还是笔误，专家论证书里出现这样严重的错误，这份专家论证书就是一文不值的，不仅一文不值，而且会让法官嗤之以鼻。

当时听说要定非法经营罪，检察院量刑建议下来了，从无期降到 5～7 年。当事人说我认罪是不是可以判 5 年，我说你不要认罪。当事人可能想着不听我"忽悠"：刑期本来从有期的结果变成了无期，现在好不容易又从可能无期降到 5～7 年，那还不赶紧了结算了？一般来说应该到此为止了。

我坚持认为，既然我们接了案件，并且觉得应该无罪，就要坚持干到底。这次起诉非法经营罪，是说我们经营许可证里面那些经营的品种里面没有甲苯，所以我们这是非法经营。我一查，前面判了大量类似的案件都是有罪。法官也跟我说，我们也查了，全国有 600 多个案例，都是判有罪，这个案件你还是让当事人认罪，我们可以考虑从轻一点。

虽然别的案子都是这么判的，但判得一定是对的吗？如果第一个案子判错了，后面都跟着判错了呢？我们就是要敢于突破，敢于创新，不然的话，律师的智慧体现在哪里？

我说我们坚持不认罪，当事人说那还从哪里去突破呢？因为确实是没有甲苯的经营许可证，那不就是非法经营吗？

这个时候需要回过头来，重新审视什么叫非法经营罪——法条指的是未经许可经营国家专营专卖物品，还有限制买卖的产品。那什么是限制买卖？那可能要追溯到"投机倒把罪"的相关规定上去了。我们又把这一法律依据找出来，搞清楚什么是"限制买卖"的，以此来论证我们经营的产品不是限制买卖的。

一般的法官、律师对非法经营罪的理解只限于没有经营许可证，但没有经营许可证经营的行为就一定是非法经营吗？

我们想到的第一个案例，是内蒙古王力军贩卖玉米案，一审是判有罪了，说王力军收购玉米，并且脱粒加工又卖了，收购、加工、销售都没有粮食生产经营许可证，所以判他一个非法经营罪，但是最高院认为这是不对的，指令再审后改判成无罪。那么我们就要从另外一个角度切入，换一种思维方式，来证明没有经营许可证的经营行为就是非法经营这个逻辑是不对的。

应该怎么解读呢？国家要求许可证但被告企业没有，销售的既是危险品又是化学品，而且还是制毒物品，那怎么才能无罪？我跟当事人说，我来给你解释：第一，我们的经营许可证里面有好多化学品，尤其是有苯和混合苯这两个和苯相关的产品。我们再来比较苯和混合苯与这一次案件当中涉及的甲苯，从技术指标上来分析哪一个危害性更大。从危害因素这方面讲，一个是对环境的危害性，一个是对人身的危害性。比如说对人的视网膜、皮肤、神经系统、生殖系统的损伤，是苯的大，甲苯的大，还是混合苯的大？还有对环境污染的影响。我们非常仔细地列出一个表，就会发现原来甲苯的危害性比苯和混合苯的危害性少了两种。后者有 9 种危害性，但甲苯只有 7 种。举重以明轻，国家允许我经营有 9 种危害性的产品，现在甲苯有 7 种危害性，你觉得我的问题很大吗？或者我的社会危害性存在吗？

最后一招，我们叫**政策性辩护**。

法庭辩论的时候，我干脆换一个思路，最后一搏，争取无罪！

　　我了解到公司这两年经营完全停摆，老板被抓了，这两年都没有经营了，会计都下岗了。我说赶紧把会计找回来，把这两年的经营报表都找出来，还有纳税报表。用全部数据为零的报表，来说明我们一个民营企业被公安司法机关一而再再而三的追诉给搞倒闭了。

　　我们这个案子是 2018 年 11 月 10 日开庭，11 月 1 日习近平总书记在北京召开了民营企业座谈会并做讲话。在这个座谈会上，全国有 40 位民营企业家参加。习近平总书记提出：我们要加大对民营企业的保护力度，而且刻意要求加大对民营企业的司法保护，对历史上、传统上形成的一些不规范的做法，尽量地去引导、规范，而不要一味地用刑事手段去打击。紧接着 5 天后，最高院党组召开落实习总书记民营企业座谈会讲话精神。11 月 6 日，最高检党组又召开会议，落实民营企业座谈会讲话精神。

　　司法局要求我们要讲政治顾大局，我说我们辩护需要讲政治，落实习近平总书记讲话精神，保护民营企业，对民营企业加大司法保护，不能把我们历史上一些不规范的问题当刑事案件处理，不能办一个案子，搞垮一个企业。

　　习近平总书记刚刚讲要保护民营企业，特别是最高院、最高检党组都召开了会议，落实讲话精神，而且都在逐步地部署具体措施。江苏省本身就是个民营企业的大省，司法机关还不赶紧落实加强保护民营企业司法保护的措施？还不赶紧清理一下，把那些能不定罪能不判的案件研究一下。你看你把我们这个企业搞的，我们是一个年销售额几个亿的企业，是纳税大户，有税务局颁发的荣誉证书，而且我们是重合同守信用的企业，经过你们张家港司法机关一而再再而三的追诉，一罪不成换一罪，换了不成再换一罪，终于把我们民营企业搞倒闭了。

　　目前工厂的油管锈迹斑驳，大门紧锁，员工下岗，税收报表为零，从纳税大户搞到企业倒闭。我说江苏省是民营企业的大省份，就算不尽快落实，也不能变成打击迫害民营企业的一个标杆吧？

　　没过多久，检察院给我打电话说，朱律师，这个案子检察院已经决定撤诉，领导叫我们撤诉之前还必须跟你再沟通一下。我说好。后来检察院的领导，还有公诉科的都来了，说这个案子的确搞得很被动，省领导都看到了庭审视频，觉得案子还是有问题，特别是第二次改成销售伪劣产品罪，变成了什么苹果水果的问题，搞得是非常的尴尬，正好中央也有精神保护民营企业，这个时候可诉可不诉的，就决定撤诉，手续都准备好了，星期一上午就放人。

后来我的当事人被放出来，其余被抓的犯罪嫌疑人也都放了。不仅如此，受此案影响，其他地区类似案件也有一大批撤诉或撤案了。

第三次：针对非法经营罪的当庭辩护意见

关于本案的案件背景

本案涉案单位连大公司在案发前是一个依法经营、照章纳税的企业，有工商营业执照，有危险化学品经营许可证，而且获得过地方政府、行政机关及行业协会的认可和诸多相关奖项，从未受过任何行政处罚，更没有受到过刑事追诉。

但是就是这样一家合法的民营企业经过张家港市公检法系统近三年的追诉，一而再再而三地变更罪名，从非法买卖制毒物品罪到销售伪劣产品罪，再到今天的非法经营罪，几年来企业负责人被长期羁押，且严重超过法定期限，到目前为止，这个连续数年产值达数亿元的企业沦落到年产值为零、税收为零的地步，大批员工失业，企业彻底倒闭。而这一切正是在习近平总书记在民营企业座谈会上发表加强对民企保护的重要讲话以及最高人民法院、最高人民检察院发布一系列加强对民营企业保护的重大决策之后所遭遇到的。

关于本案审理过程中存在的程序性问题

一、本案是否真的"事实清楚、证据确实充分"，达到提起公诉、进入审判阶段的标准

今天本案是第三次开庭，每一次开庭的时候公诉人都说本案事实清楚、证据确实充分，依法构成指控的犯罪。但是第一次庭审结束后，公诉机关对其指控的"事实清楚、证据确实充分"的案件再次进行调查，补充材料后变更了起诉罪名。变更罪名本身就说明之前指控的犯罪事实不清楚、证据不充分。第二次开庭，公诉人依然说本案事实清楚、证据确实充分，依法构成所指控的犯罪，

但庭审结束后又继续调查，又补充材料变更起诉罪名。到今天第三次开庭，还是"犯罪事实清楚、证据确实充分"，如此一而再再而三，公诉机关所称的"犯罪事实清楚、证据确实充分"，是不是确实如此？公诉机关一次又一次推翻了自己指控的"事实清楚、证据确实充分"的案件，公诉的公信力何在？

二、公诉机关变更起诉罪名后，没有依法讯问被告人

公诉机关两次变更对被告人的罪名指控，没有依法讯问被告人，获取被告人对改变后罪名的意见，而直接将其起诉到法庭上接受审判，这是对被告人辩护权的侵犯。并且这种对被告人辩护权的侵犯是不可逆的，因为现在已经进入法庭审判，显然公诉机关是在审查起诉阶段剥夺了被告人的辩护权。

三、关于本案管辖权的问题

按照本案公诉机关的指控逻辑，被告人没有办理相关的经营许可证去卖产品的行为构成非法经营罪，但被告人购买涉案产品是经过公安机关批准的，购买的每一车产品都有批准手续，显然购买行为没有问题，被指控成立犯罪的行为是"卖"的行为。但本案中"卖"产品的行为发生在张家港吗？不在。所以即便本案构成公诉机关指控的犯罪，被告人的犯罪行为地也不在张家港，张家港司法机关对本案的管辖于法何据？本案侦查机关现场查获的一车产品也是基于购买的行为，而不是卖的行为。即使说这一车产品是在犯罪准备途中，但这一车产品相对于2万吨来讲也不在主要犯罪地，因此本案犯罪地根本就不在张家港，但张家港公安司法机关对一个根本没有法定管辖权的案件，一而再再而三地变更罪名起诉、审判，并对被告人超期羁押，无异于非法拘禁。

关于本案具体的案件事实和法律适用

【第一部分，关于连大公司危险化学品经营许可证的问题。】

一、"未取得经营许可"并非成立非法经营罪的判断标准

本案公诉人指控的逻辑起点在于，是否取得经营许可证是判断本案罪与非罪的唯一标准，但辩护人提请合议庭注意，用这一标准作为罪与非罪的标准是完全错误的，这种错误是对《刑法》第225条的理解不正确所导致的。

从生效的判例来看，也足见是否获得经营许可证与是否成立非法经营罪根本无关。以 2017 年的一起无罪经典案例——内蒙古王力军贩卖玉米案为证。内蒙古的一个叫王力军的农民贩卖玉米，被当地法院一审判处有期徒刑一年，并缓期执行，当事人没有上诉，判决生效。但这个案件在 2017 年被最高人民法院指令再审，改判无罪。一审法院判处有罪的理由是王力军没有粮食经营许可证收购玉米，并且还进行加工和销售，数额达到了追诉的标准，其行为构成非法经营罪。但最高院为何要指令再审，改判他无罪？这一案例充分说明有没有经营许可证和构成非法经营罪不是一一对应的关系，即是否取得经营许可证不是判断罪与非罪的唯一标准，甚至根本就不能以其作为标准。若以是否取得经营许可证作为定罪标准，那学校门口卖烤红薯的有食品卫生许可证吗？有营业执照吗？杂货店卖油漆的有危险化学品经营许可证吗？都没有。那么，是否也应该对这种长期无证经营的行为以非法经营罪追诉？显然不能！

所以辩护人认为公诉机关指控的逻辑起点，即认为有无经营许可证是判断是否构成非法经营犯罪的标准，这个前提是绝对错误的。

二、连大公司有合法、有效的危险化学品经营许可证

本案中的连大公司有危险化学品的经营许可证是没有争议的，控辩双方争议焦点在于该经营许可证的经营范围是从 2016 年以后包括甲苯还是 2016 年以前就包括。

首先，要明确的是连大公司的危险化学品经营许可证最新版本是 2016 年颁发的，但是许可证上注明的有效期限是往前追溯到 2014 年。这个经营许可证是国家安监局代表国家、依照国务院《危险化学品安全管理条例》颁发的行政许可证明，其有效期可以追溯至 2014 年，即连大公司的危险化学品经营许可证上明确写有 2014 年到 2017 年的有效期，且其许可范围里就包括了甲苯，还有粗苯。作为一个民营企业，依照国家机关颁发的许可证、在有效期内依法经营，怎么就变成非法经营犯罪了呢？法律不能强人所难，刑法更不能强人所难，这是刑法理论上关于期待可能性的问题。

其次，连大公司的危险化学品经营许可证证实国家许可其经营甲苯，2016

年之前的许可证上则有混合苯的经营许可，2016 年新版本的许可证上增加了甲苯，并注明了有效期自 2014 年开始。这是国家机关对连大公司依法经营甲苯的一种追认。而今天公诉人出示的两份张家港安监局工作人员所作的证言，仅仅是一个国家机关工作人员对与自己无任何隶属关系的另一国家机关已经生效且持续有效的具体行政行为的一种主观评价，这样的评价本身并不属于刑事诉讼中的法定证据种类之一，公诉机关据此把一个人、一个企业定罪的指控完全不符合证据规则，不能成立。

三、连大公司在本案审理过程中依法取得"甲苯"的单项经营许可

本案中不能忽略的一个问题是，连大公司已经申报增加单项甲苯的经营许可，且本案案发是在该申请审批的过程中，同时，审批期间的每一次经营业务，连大公司都依照相关规定到公安机关办理了购买的手续。

第一，应当据此对被告单位及被告人行为的主观恶性做一个准确判断。

第二，在之前的经营业务中，公安机关要求连大公司对其购买甲苯的行为申请购买办证，连大公司每次都依规申报审批。后公安机关要求其单列甲苯的经营许可，连大公司即申请单列"甲苯"的经营许可，当地安监局对此知情并进行审查，最终作出行政许可决定。值得注意的是，在单列申请甲苯的审批过程中，任何机关均未对企业的相关经营行为进行任何形式的行政处罚。所以本案必须考虑行政法规在地方适用的一致性。

第三，连大公司在本案审理过程中、法院作出最终生效裁判前，已经依法取得甲苯的单项经营许可。此处辩护人要结合一份指导案例予以阐释——吉林于润龙非法经营案二审改判无罪。于润龙于 2002 年 8 至 9 月期间经营黄金业务，按照当时有效的《金银管理条例》等相关规定，其行为构成非法经营罪。但在一审法院审理期间，国务院发布国发〔2003〕5 号文件，取消了中国人民银行关于黄金经营许可的规定，《金银管理条例》中与国发〔2003〕5 号文件相冲突的规定自动失效，因此经营黄金的行为不再属于"未经许可经营法律、行政法规规定的专营、专卖物品或者其他限制买卖的物品"，于润龙不构成非法经营罪。本案中，连大公司同样是在案件审理过程中依法取得甲苯的单项经营许

可，因此法院在对本案被告单位、被告人经营甲苯的行为是否构成刑事犯罪作出裁判前，应当慎重考虑。

【第二部分，本案被告单位与被告人涉案行为的法律定性。】

一、关于本案的争议焦点"混合苯"的性质界定

什么是"混合苯"是本案的一个焦点，连大公司 2014 年的经营许可证上有混合苯的经营许可，如果不能明确什么是混合苯就没有办法判断连大公司到底可以经营什么、不能经营什么。

首先，应当明确"混合苯"并不是一个对化学品的官方的、准确的定义，它是一种概念，是在一定领域某种物质的别名而已。在化学界理论定义和官方颁发的化学品名录上，并不把混合苯作为法定名称。混合苯的学术定义是指包含苯、甲苯和二甲苯等物质的混合物。2014 年《危险化学品名录》中 3000 多种物质和物品里、主要品名栏目里并没有混合苯这个名词，它只是标记在粗苯的别名中，粗苯别名又叫动力苯或混合苯，也就是说官方的《危险化学品名录》里是没有混合苯的法定地位的。本案中，2014 年颁发的许可证中写的是"第 3 类第 2 项混合苯"，但我们经查询发现第 3 类第 2 项里没有"混合苯"，只有粗苯的别名是混合苯。这一标注与其在学术上的定义又不完全相同，因为粗苯是可以再分离出苯、甲苯和二甲苯的物质，而混合苯是已经分离出来之后再混合到一起的物质。为什么会出现这一偏差？因为混合苯本身就没有统一的界定和标准，混合苯到今天为止都没有国家标准。这意味着到今天为止，谁都无法准确定义混合苯，只是学术上认为混合苯一般是包括了苯、甲苯、二甲苯等主要苯类物质的一种混合物，但这三类主要物质分别占多少比例没有国家标准，每个企业有自己的标准，且每个企业不同批次的标准还不一样。

其次，因为混合苯没有统一标准，其主要成分又是苯、甲苯和二甲苯的混合物，连大公司"第 3 类第 2 项混合苯"的许可证理应本着对企业有利生产、方便经营的原则来解释，应理所应当认为具有经营苯、甲苯和二甲苯的经营许可，否则没有苯、甲苯、二甲苯，那混合苯用什么混合出来呢？本案中，根据当地交易习惯，惯常将企业经营苯类物质，包括苯、甲苯、二甲苯等，写为混

合苯。也正因为混合苯不是一个官方的、准确的用语，才出现这样特例。这就是最高检、最高院的领导反复强调的企业发展过程中的一些不规范的行为，不要轻易用刑事手段去追诉的原因。但值得关注的是，本案这一不规范的行为并不是企业主动造成的，而是当地行政执法部门为了管理便利造成的。

最后，从社会危害性角度考虑，混合苯里有三种主要成分，苯、甲苯、二甲苯。其中，苯是一种公认的有毒物质，根据联合国公布的文件，苯是一类致癌物质，甲苯是三类致癌物质（还是未确定的一种可能，即甲苯有没有致癌的可能性还不确定）。连大公司可以经营苯、甲苯、二甲苯，在这几个产品中显然苯的毒性更大，但被告单位经营的是毒性更小的甲苯。从公诉机关这一次变更起诉补充的证据看，2014年与2016年相比，连大公司在长期经营甲苯的过程中并没有增加任何的硬件设备和技术条件就通过了验收，说明连大公司一直以来就具备经营甲苯的条件，并非因为当时没有具备相应的条件而非要去经营甲苯，从而造成了社会危害性。

二、从混合苯和甲苯的危害性角度考察，本案涉案行为不构成犯罪

参考国家安监局《危险化学品目录》，第49项苯、第167项粗苯以及第1014项甲苯，苯、粗苯和甲苯均为2类易燃液体，其储运方式和防护设施均应一致。辩护人上面提到粗苯的别名又叫混合苯，即混合苯与粗苯被认为是同一物质。而在危险性类别这一栏显示，苯与粗苯的危险性类别完全一致，都有九项。再看甲苯，它比苯和粗苯即混合苯少了（包括降低危险等级）共四项危害性：粗苯和苯可致严重眼损伤／眼刺激，类别2，而甲苯没有；粗苯和苯的生殖毒性比甲苯大；粗苯和苯特异性靶器官毒性为类别1而甲苯为类别2；粗苯和苯还具有致癌性，类别为1A，而甲苯没有致癌性。

通过比较上述三类苯的危险性类别，我们就会发现粗苯（混合苯）的危险性其实与比较为大众所周知的苯的危险性一致，而远大于甲苯。国家之所以设置危险化学品的管理不正是因为这些产品有危险才要加强管理吗？本案中连大公司2014年的危险化学品经营许可证上被允许经营的是一个可以有九项危险性的混合苯（粗苯），而其在本案中实际经营的是一个危害性显著更低的甲苯，那么，其经营甲苯的危险性在哪里？其行为的社会危害性又在哪里？在刑法理

论中，行为的社会危害性是犯罪的基本特征之一，连大公司经营混合苯都被许可、不构成犯罪，举重以明轻，其经营甲苯为何会构成犯罪？

三、本案涉案行为的法律评价

本案中涉及的两个国务院出台的条例，一个是《易制毒化学品管理条例》，一个是《危险化学品安全管理条例》。根据《易制毒化学品管理条例》，易制毒化学品分为三类，第一类和第二类的经营需经许可，第三类是需备案，即不需要经营许可证，而甲苯属于第三类。同时甲苯又属于危险化学品，《危险化学品安全管理条例》要求经营甲苯需要办许可证，关于经营许可的问题此处不再赘述，这里阐述的重点是违反了上述具体规定有什么后果。本案中，被告人的行为违反了什么规定呢？其实按照最严格的文字的字面意思来解读不过是超范围经营。根据《易制毒化学品管理条例》规定，超范围经营的行为后果是行政处罚，没有刑事责任，即使被告人的行为违法，其法律后果最多是行政处罚，不应当受到刑事追诉。

但是，本案中，被告单位及被告人每一次业务都向公安机关办理了相关的手续，且每次都有完整的合同、营业执照和危险品经营许可证等备案材料向公安机关提交。因此，连大公司的经营行为显然还不属于超越经营范围，其至今从未受到过公安机关或安全生产管理机关的行政处罚。无论是依据《易制毒化学品管理条例》还是《危险化学品安全管理条例》，连大公司的经营行为甚至都不构成行政违法的情况下，为什么到了张家港就变成了刑事犯罪？这是我们要反思的问题。

因此，如果一定要对本案中被告人的行为做出一个法律上的评价，最多是超出许可的品种经营。依据《危险化学品安全管理条例》，并没有相应的法律后果，连行政处罚都没有；依据《易制毒化学品管理条例》，超出许可的品种经营易制毒化学品的，予以行政处罚。因此本案显然不需要考虑予以刑事追诉。

【第三部分，关于本案中的《刑法》适用问题。】

一、甲苯不属于《刑法》第 225 条第（1）项的"其他限制买卖的物品"

此次变更的起诉书里引用的是《刑法》第 225 条第（1）项，即"未经许可经营法律、行政法规规定的专营、专卖物品或者其他限制买卖的物品"。本案肯定不是专营、专卖，因为专营、专卖是烟草专卖、食盐专营等由法律明文规定的物品，因此本案的核心在于甲苯是否属于国家限制买卖的物品。

首先，一个前提，公诉机关必然认为甲苯是限制买卖的物品，否则不能适用这一条款。公诉机关既然认为甲苯属于限制买卖的物品，就必须对此举证证明，但公诉机关并未提交此部分的相关证据。

辩护人在1987年的《投机倒把行政处罚暂行条例》、1990年的《投机倒把行政处罚暂行条例施行细则》找到"限制自由买卖的物品"的定义及范围，即"国家禁止或者限制自由买卖的物资、物品"包括：（1）指令性计划分配物资；（2）走私物品、特许减免税进口物品；（3）爆破器材、麻醉药品、毒性药品、精神药品或者放射性药品；（4）专营或者专卖物资、物品；（5）重要生产资料或者紧俏耐用消费品。显然本案中的甲苯并不属于上述五类物品，且1997年《刑法》已经取消了投机倒把罪，上述物品有些已经淡出历史舞台，有些被《刑法》所吸收，比如纳入走私犯罪的范畴，而专营、专卖物品属于国家垄断领域且有专项规定；剩下的"限制自由买卖的物品"，就是指"爆破器材、麻醉药品、毒性药品、精神药品或者放射性药品"。因此现行《刑法》第225条第（1）项规定的"其他限制买卖的物品"主要包括：民用爆炸物品、剧毒化学品、易制爆危险化学品、精神药品与麻醉药品，而这五类物品跟甲苯也没有任何关系。

其次，从辩护人梳理的上述规定可以看出，限制自由买卖物品的本质特征，是对公共安全或社会秩序具有显著危险性的物品，国家如果不管控这类物品的数量、用途，往往容易造成较大的风险，因此才对其买卖加以限制。《危险化学品安全管理条例》里规定的有一般危险化学品和剧毒化学品、易制爆危险化学品，《易制毒化学品管理条例》也对易制毒化学品的生产、经营等实行分类管理和许可制度，第一类和第二、三类易制毒化学品分别实行许可和备案。但一直以来，限制买卖的物品是不包括一般的危险化学品的。

因此，甲苯不属于《刑法》第225条第（1）项中的"其他限制买卖的物品"，公诉机关以此条款指控被告单位及被告人经营甲苯的行为构成非法经营罪，不能成立。

二、本案连大公司经营甲苯的行为不属于第 225 条第（4）项的"其他严重扰乱市场秩序的非法经营行为"

《刑法》第 225 条规定的非法经营罪，其第（4）项是本罪的兜底条款，对该条款的解释，应坚持同类解释规则，即本罪中"其他严重扰乱市场秩序的非法经营行为"应和前三项"非法经营专营专卖物品、非法买卖经营许可证以及非法经营金融业务等"在行为性质特征、危害结果特征、行为与危害结果的关系特征等方面具有同质性。最高人民法院《关于准确理解和适用刑法中"国家规定"的有关问题的通知》（法发〔2011〕155 号）第 3 条规定，"各级人民法院审理非法经营犯罪案件，要依法严格把握刑法第 225 条第（4）项的适用范围。对被告人的行为是否属于刑法第 225 条第（4）项规定的'其他严重扰乱市场秩序的非法经营行为'，有关司法解释未作明确规定的，应当作为法律适用问题，逐级向最高人民法院请示"。

不仅如此，最高人民法院在指令内蒙古王力军非法经营案再审时也认为，"刑法第 225 条第（4）项是在前三项规定明确列举的三类非法经营行为具体情形的基础上规定的一个兜底性条款，在司法实践中适用该项规定应当特别慎重，相关行为需有法律、司法解释的明确规定，且要具备与前三项规定行为相当的社会危害性和刑事处罚必要性，严格避免将一般的行政违法行为当作刑事犯罪来处理"。

很显然，通过辩护人此前的论述，本案中连大公司长期以来经营甲苯的行为未对市场秩序造成不利影响，完全不能被评价为与非法经营罪中"非法经营专营专卖物品、非法买卖经营许可证以及非法经营金融业务等"行为有相当的危害程度，因此也不能援引此条款指控被告单位、被告人构成非法经营罪。

三、关于本案法律适用的问题

首先，对一个行为的法律评价，要注意区分它是法定犯还是自然犯。本案指控被告单位及被告人的行为显然是法定犯范畴，那么对法定犯行为的评价，刑法理论上有一个通说叫二次评价，即首先要对其行为进行行政法上的评价，看其是否违反行政法规，行政法规对该行为能不能规制和调整？如果不能规制和调整，在迫不得已的情况下，才动用刑事法律。辩护人之前也论述过，本案公安机关每次都给连大公司的业务办理手续，安监局还给其追认甲苯经营许可证，即行政机关对连大公司的经营行为从未做出行政违法的评价，张家港公检法为什么直接启动对其的刑事追诉？

其次，本案的刑事追诉是不合常理的。本案中连大公司的行为并不具有实质危害性。第一它是一个化工企业；第二它有营业执照、危险化学品经营许可证，也有混合苯的经营范围，且混合苯比甲苯更具有危险性，本案连大公司的经营行为不存在实质危害。在刑事司法实践中，不能够机械地适用法条，要能动司法，这也是最高院院长、最高检检察长反复强调的，而且特别强调司法人员要懂得刑法的谦抑性和司法的人文关怀。刑法的谦抑性原则要求，能不动用刑事手段去调整和规制的行为的，就尽可能不动用刑事手段。因为刑事手段是调整社会关系的最后一个手段、最后一道屏障。一旦适用，对人的财产、自由乃至生命都会造成巨大的侵害，且往往是难以挽回的侵害。所以我们也特别希望法庭能够考虑到本案的特殊情形和当前社会的司法背景，能够从刑法的谦抑性和基本的人文关怀出发，慎用刑事手段。

辩护人综合以上几点，想提请合议庭注意：

第一，本案连大公司有危险化学品经营许可证；

第二，该许可证自 2014 年有效，有效期至 2017 年；

第三，本案涉案行为是 2016 年实施的，实施时涉案企业具有混合苯经营许可；

第四，行为实施后其经营甲苯的行为又被国家行政机关认可，并颁发新证；

第五，案发前经营许可条件与案发后增补甲苯时的经营条件完全相同；

第六，混合苯的危险性比甲苯更大。

故综合多方面考察，就会得出本案涉案行为不成立犯罪的结论。同时，我们还应当准确理解《刑法》第 225 条第（1）项关于"其他限制买卖的物品"的定义，摒弃惟许可证论这种计划经济时代的思维，准确理解并谨慎适用非法经营罪这样一个被法律学者所广泛诟病的"口袋罪"，审慎司法。

扫黑除恶专项斗争中的刑事辩护

涉黑辩护是当前扫黑除恶专项斗争中比较热点的问题。

我们看到，全国各地的律协、律师事务所都在组织涉黑辩护的学习和集训，大多数将主题定为"涉黑案件的辩护技巧"。但是我觉得，和涉黑辩护相关的，不应该叫作"技巧"，这样是不合适的，而更应该叫作"技术"或"能力"。在刑事辩护当中，用"技巧"一词显得稍有些"花哨"。

涉黑辩护的难度是比较大的，因为它不同于普通的刑事案件，这些案件往往有一定社会影响力。刑事辩护更多的是需要细心、技术和证据这些方面的内容，除此之外，我认为有些"技巧"不但是没有用的，反而会"害人"。

以前"打黑"，主要由公检法或者政法委这种层面的机关牵头组织，这次的"扫黑除恶"是中共中央、国务院发的文件，是新中国成立以来第一次由中共中央和国务院联合发文针对"扫黑除恶"的专项斗争。公安部称，"要把这次'扫黑除恶'中的每一个案件都办成铁案"，最高检、最高院甚至司法部也都这样说。这样一来，律师也要将每一起案件都"辩"成铁案，那这在逻辑上是如何成立的？针对具体案件，究竟是要从侦、控方的角度将被告人严格定罪量刑，还是要从辩方的角度，依法履行辩护人"根据事实和法律，提出犯罪嫌疑人、被告人无罪、罪轻或者减轻、免除其刑事责任的材料和意见，维护犯罪嫌疑人、被告人的诉讼权利和其他合法权益"的职责？而所谓"铁案"的交点在何处得以实现？其实，这是各方都在表态，要按照中央的部署"扫黑除恶"，司法部也要予以配合。

还有很重要的一点我想提醒大家，涉黑案件的刑事辩护在实践中有极大的障碍和阻力，这就需要刑辩律师有强大的内心，能面对各种困境。并且，在涉黑案件的辩护中，律师面临的风险大、干扰因素多，而且辩护难度大、技术要求高。每一起案件涉及的罪名都很多，往往还涉及追诉时效、已经了结的案件"一事不再理"等理论问题。

上一轮"打黑"，我办理了一起河北邢台的案件，我是第一被告的辩护人。很奇怪的是，我的当事人请求我，不要在法庭过多地履行辩护职责，就是一句话不要多讲。我心想，那你干脆就不要委托我辩护了，不要辩护人就可以了嘛。但是他说不行，他要委托辩护人，而且就是要委托我，但我不能发表太多意见，还必须要出庭，以此证明他们也确实请了一位比较著名的刑辩律师，我差不多是"列席"庭审即可。尽管很不理解，我还是答应了。但是，辩论的时候，法官又说，第一被告的辩护人最后发表辩护意见，让我给前来开庭和旁观的人"上课"。法官既然让我讲，等前面所有辩护律师发表完观点，我就开始讲这个案件和我的当事人，一口气讲了整整两个小时，把这起案件的证据和事实还原回来，讲得清清楚楚，我讲完之后所有人都自发鼓掌。最终案件改判。

我讲这个案件，目的是说涉黑案件尽管难度大、阻碍多，但依然有辩护空间。

我曾经还代理过一起湖南湘西涉黑案件。起诉书指控我的当事人一方带着两支长枪、四支短枪、两个炸药包埋伏在路边，等着对方进入埋伏区"开战"，但意外的是被告方有一个炸药包还没扔出去，掉到自己一方的区域炸伤了自己人，但最终也造成对方一死、一重伤、三轻伤。这起涉黑案件，十几个罪名，而且是非常典型的故意杀人案件，一般当事人的请求基本上都是"保命"，但我的当事人却说他是无罪的，他执意请我为他作无罪辩护。

这起涉黑案件涉及十几个罪名，我们逐一进行了细致的研究，发现有些指控的确荒唐。其中有这样一起事实：我的当事人新买的一辆猎豹矿车被人撞了，因为是刚买的新车，还未上牌照，司机就想要对方赔偿一辆新车。对方也是开矿的，两边老板一协商，就决定先付 5000 元去修理，修理完后实际共花费 13 000 元；还差 8000 元，我的当事人也未再找对方索要赔偿。但就这样一个简单的民事纠纷，在这起涉黑案件中居然被定性为敲诈勒索罪。当事人的车被撞，损失还未获得全额赔偿，却成了犯罪。

而关于案件中的故意杀人罪，案卷材料中指控我的当事人作为矿山老板因买矿纠纷，谋划袭击被害人一方，造成对方一死、一重伤、三轻伤。

但案件真实情况是，我的当事人之前以1500万的价格买了一座矿，而出卖人一矿多卖，先后分别卖给了多个买家，我的当事人是五位付款买矿的买家之一。他非常气愤，认为这是被骗了！他觉得他已经付了钱，这个矿理应是他的，因此想强行接管矿山，但对方又说款项尚未结清不把矿给他。我的当事人就准备去报案，同时接管了这座矿。

由于当地枪支管理并不规范，发生纠纷的次日，对方的人来抢矿。对方来人抢矿的时候，我方也配备了长枪、短枪和炸药包进行埋伏，这才有了前述的一幕。

我介入这起案件之后仔细研究案件证据，发现被打死的人胸部伤口较大，鉴定意见显示是"霰弹枪近距离射击所致"。但根据侦查人员的现场勘查图，案发时我方的两把长枪分别距离死者15米、32米，按常理推算，不符合"近距离"的说法，当然这样的说法是很难作为证据使用的。

但我敏锐捕捉到，这个罪可能是当事人能否"保命"的关键环节。于是我们去咨询了相关的枪弹专家，根据死者伤口的直径大小，认为死者伤口约是距离死者1～1.5米的枪支的子弹导致的，那这绝非我方枪支。回顾整个案发过程，不难推测完全可能是对方人员自伤所致。毕竟双方"火拼"时都配有枪支，而枪响之后双方人员慌乱逃散中走火误伤的可能性是极大的，再根据现场勘查示意图和死亡鉴定意见，也只有这种可能了。

于是，我们整理了所有相关的证据材料和专家意见提供给法官，最后，这起涉黑案件从一审死刑到二审改为16年有期徒刑，其中最关键的一个故意杀人罪改为聚众斗殴罪，去掉了三个罪名。

通过这个案例，我是想告诉大家，任何案件，无论有多重大，我们的首要任务是找重点，找到案件的突破口。但是有些律师在涉黑案件中并未下足功夫，辩护完全流于形式。

有一起涉黑案件，律师开庭的时候，作为第三被告的辩护人，给他的当事人辩护："我认为我的当事人不构成贩卖毒品罪……"审判长立刻发现问题并反问他，让他再说一遍。他说："我认为我的当事人不构成贩卖毒品罪，我接下来发表以下几个辩护观点……"审判长说："辩护人，我提醒一下啊，根据法律规定，辩护人是为当事人做无罪或罪轻的辩护，起诉书里边没有指控你的当事人贩卖毒品罪，你怎么老说他贩卖毒品？"我在旁边其实早就注意到了，因为起诉书第一页往往都有被告人涉嫌什么犯罪，于某年某月某日被刑事拘留的信息。他的当事人被刑事拘留时是因涉嫌贩卖毒品罪，但是起诉到法院的时候就已经没有这个罪名了。这说明什么？说明这个律师可能仅在开庭之前匆匆翻开起诉书第一页，看到当事人涉嫌贩卖毒品罪，因此上来就准备说什么"本案事实不清，证据不足"之类的"假大空"的辩护意见。当时这位律师就很尴尬，毕竟当事人的家属还坐在下面旁听。

关于涉黑案件的辩护，很多律师觉得在这几年的扫黑除恶专项斗争中似乎无所适从，不知道从何处开展工作。但事实上，扫黑除恶的前提是依法进行，所以辩护律师也必须在法律的框架下展开辩护，那么一个基本的问题就来了，你是否搞明白了这个法律的框架究竟有多大？边界在哪里？

我们需要考察一下，黑社会性质组织犯罪在我们国家的刑法体系当中是什么样的地位？这个罪名是从什么时候开始有的？关于这个罪名的相关司法解释都有哪些？这些解释前后的沿革发生了哪些变化？这些都是需要我们搞明白的。

梳理完黑社会性质组织犯罪在刑法以及历次的司法解释当中的规定，我们往往会发现，其实这些案件的辩护并没有想象中那么难。但可能是因为功课没有做好，所以很多人并没有发现那些法律和司法解释当中已经给出的结论。

比如说黑社会性质组织的四个特征是在《刑法修正案（八）》中、《刑法》第294条里面确定下来的。一般来讲，黑社会性质组织都必须具备组织特征、经济特征、行为特征和危害性特征。但是如果按照《刑法》第294条对一个企业进行评判，你就会发现这些特征往往在一个正常的企业当中都会有。比如说，组织特征，任何一个企业都具有一定的组织形式，具备组织特征，否则便不成为企业；经济特征，任何一个企业，都是以营利为目的的，它都具备一定的经济特征。那么，最后我们就发现黑社会性质组织所谓的四个特征，需要重点考察的，其实就变成了另外两个特征：一个是行为特征，另一个是危害性特征。

行为特征，我们一般把它理解为暴力性特征；危害性特征，我们一般又把它叫作非法控制特征。这样的话，黑社会性质组织的四个特征，实际上需要重点考察的就是暴力性特征和非法控制特征了。那么，怎么确认是否存在暴力性特征和非法控制特征呢？其实这也是有标准的，不是说只要有威胁、恐吓的行为就具备暴力性特征，而是必须有具体的暴力导致的后果才可以理解为刑法意义上的暴力性特征。

我们结合 2009 年的司法解释和 2015 年的司法解释会发现，关于暴力性特征早就有相关规定了，它往往指的是有导致被害人死亡、重伤，或者轻伤的结果，而且一般要求致被害人重伤一起、轻伤多起的结果。至于非法控制特征，它应当指的是在某一个领域、某一个行业或者一个地区形成了非法控制的状态。

厘清这样的一种关系以后，我们就可以快速地从案件的起诉书中大致判断出来这个案件能不能构成黑社会性质组织犯罪，能不能按照黑社会性质组织罪来判处。

同样，关于恶势力犯罪，很多律师也是一筹莫展，不知道从何处展开辩护，也无法正确地解读什么是恶势力。这里面就有两个问题需要搞明白，我们说的恶势力犯罪，实际上是有两种情形的：一种是恶势力团伙，一种是恶势力犯罪集团。

关于恶势力团伙和恶势力犯罪集团在司法解释当中也有比较明确的界定。我们通常把案件中存在两人多次共同实施违法犯罪，作为界定为恶势力团伙的起点标志；把三人或三人以上共同实施三起以上的故意犯罪，作为构成恶势力犯罪集团的起点标志。

那么我们掌握了这样的几个基本判断标准，在复杂的案件当中，就可以快速地梳理出案件的核心特征和焦点。我把这种判断方法称为**涉黑涉恶案件辩护的"快速诊断标准"**。

比如说，一个被指控为恶势力犯罪集团的案件，我们首先从排列组合上看能不能找到有三个或三个以上的被告人，共同实施过三起以上的故意犯罪，这是第一个要考量的问题。紧接着我们还要再考量，他们实施的是什么样的犯罪？是不是故意犯罪？是不是恶势力犯罪集团惯常实施的犯罪？

那么这里面，就要解决什么叫作"恶势力犯罪集团惯常实施的犯罪"的问题。其实在 2018 年的《关于办理黑恶势力犯罪案件若干问题的指导意见》以及 2019 年的《关于办理恶势力刑事案件若干问题的意见》这两个司法解释性文件当中，对恶势力犯罪集团犯罪都规定得比较明确。所谓的恶势力集团犯罪惯常实施的犯罪，上述司法解释用列举的形式予以明示了，比如故意伤害、敲诈勒索、寻衅滋事、强迫交易等。司法解释一共列举了七种犯罪，而且这七种犯罪有一个共同的特征：都带有一定的暴力特征，这就是我们所说的恶势力犯罪集团惯常实施的犯罪。但是它们一般也还会实施其他的犯罪，那这个"其他的犯罪"指的是什么呢？也是有标准的，上述司法解释里面就列举了诸如黄、赌、毒、恶、打、砸、抢等 11 种犯罪形式。

所以，我们通常在考量一个犯罪集团构不构成恶势力犯罪集团的时候，就重点考察他们是不是有三个人共同实施了以上的"7+11"种犯罪，这是判断一个组织是不是恶势力犯罪集团的基础标准。

掌握了这样的一些方法，你就会发现，恶势力犯罪集团的辩护也比较容易把握，因为这都是硬性指标。同时，我们还应该知道，在恶势力犯罪集团的犯罪当中还有一些特殊规定，比如说单纯为牟取不法利益而实施的黄、赌、毒、盗、抢、骗等违法犯罪活动，不具有为非作恶、欺压百姓特征的，不应作为恶势力案件处理。因为这些犯罪具有一定的隐蔽性而非公开性，而恶势力犯罪具有显著的公开性和暴力性，这也是区分恶势力犯罪和普通刑事犯罪的一个重要的标志。

另外，我们还应当注意到犯罪嫌疑人的年龄问题，对于未成年人和老年人犯罪的，在认定他们构成恶势力犯罪的时候要特别地谨慎。因为根据未成年人和老年人实施犯罪的主观恶性以及社会危害后果，一般认为过于年幼的人和过于年老的人，他们反社会和危害社会的能力比较弱，所以将他们认定为恶势力犯罪的时候要严格把握，谨慎对待，要适用更严的标准。

再一个就是关于犯罪人数的问题，司法解释规定，黑社会性质组织的犯罪一般要求有 10 人以上参加，要有比较明显的骨干分子和积极参加者。如果说被指控的一个团伙所有人加起来还不到 10 个人，那么一般就会认为这不构成黑社会性质组织。

所以通过对法律、法规、司法解释的梳理和研究，我们往往就能看出国家政策的演变，特别是扫黑除恶政策的发展变化脉络，要知道修订和增加了哪些条款。结合具体的案件，可以比较精准地发现这个案件可不可以定为黑社会性质组织犯罪或者是恶势力犯罪。

比如前不久，我们辩护的一个恶势力犯罪集团的案子，在我发表辩护意见的时候，我从两组数据展开：第一组数据是说这个被指控的集团中8名被告人的出生年月和他们的年龄，逐一列举后，最后得出的一个结论，就是他们的平均年龄在60岁以上。那么这就涉及老年人犯罪的问题。根据相关司法解释，一般不宜将其认定为恶势力犯罪集团。第二组数据中，我把每一个被告人被指控的罪名，包括违法事实分别列出来组成一个表，然后看看能不能找出他们存在三个人以上、共同实施三起以上的共同故意犯罪，而且强调还是恶势力集团惯常实施的那些犯罪，就是所谓的"7+11"种犯罪。当我进行这种排列组合后，惊奇地发现在这个集团中居然找不到三个人共同实施了三起以上恶势力犯罪集团惯常实施的故意犯罪。

这样的一个数学答案，其实也是一个辩护的答案，那就是本案不构成恶势力集团犯罪。这就进一步印证了此前我讲过的有些辩护是需要用数学的方法来计算的。在这个案件当中，我用了平均年龄计算法，用了人数的累积法，用了多人共同实施犯罪的排列组合法来支持我的辩护观点。在这个基础上，我就会得出它不符合司法解释所规定的恶势力犯罪集团的标准。同时我还指出当事人被指控的主要犯罪是诈骗罪，而司法解释又恰恰规定，单纯以牟利为目的实施的诈骗行为不属于恶势力犯罪。

还有一个需要注意的是，恶势力集团是接近于黑社会性质的组织，所以本质上也是具有前述四个特征的，只是这四个特征还不是特别明显，没有完全达到黑社会性质组织的特征标准，但是我们也要试图从这四个特征的角度去分析。

比如，我们说到暴力性，如果认定一个黑社会性质组织至少要有重伤一起、轻伤三起以上的结果，那么在恶势力犯罪集团案件的辩护中应该怎么来分析？

我们是不是可以这样来切入：比如说黑社会性质组织至少要有重伤一起、轻伤三起，那么恶势力犯罪集团，是不是至少要达到轻伤一起、轻微伤三起以上才符合逻辑？这是我们提出的一个新的标准。而这个新的标准是在现有司法解释基础上的按照语言规律、逻辑脉络和层级递进推演出来的。现在就变成我们提出了一个新的标准，然后按照这个标准来分析我们辩护的这个案件能否得出我们想要的结论。因为如果这个案件一起轻微伤都没有，那它怎么也不应该构成恶势力集团犯罪。

此外，还有一个很重要的方面，就是黑社会性质组织犯罪看起来是比较常见的犯罪，但是在刑事诉讼法当中，对这类案件办理的程序是有特殊要求的。我们应该看《刑事诉讼法》第123条的规定，对可能判处无期徒刑、死刑的案件或其他重大犯罪案件，有一个特殊的侦查讯问要求，就是讯问的时候必须要进行录音或录像。

根据《公安机关办理刑事案件程序规定》第208条，这个所谓的"其他重大犯罪案件"就包括了黑社会性质组织犯罪案件，所以我们在办理涉黑案件的时候，一定要去审查证据材料当中对被告人的讯问是不是都有同步录音录像。如果没有同步录音录像，就应当提出对这些证据不得作为定案根据的意见，因为这些证据不具有合法性，不得进入法官的视野。不合法的证据，当然应予以排除。

请注意，这里的"排除"并不是非法证据排除，也即"排非"里面所讲到的通过刑讯逼供、威胁、恐吓等方法取得的被告人的供述要排除，而是一个法定的强制排除程序。那什么叫法定的强制排除？就是不是按照法律规定的程序而取得的证据，就必须排除，这是不需要启动"排非"程序就可以直接依法排除的证据。通常我们所说的"排非"程序是指需要启动调查程序来解决证据合法性的问题，这其实是因当事人的申请而启动的"排非"程序的调查，在调查完成以后再决定是否排除相关证据。所以我们一定要向法庭提出，对于不符合法律规定而获得的证据，就必须当然、强制排除，而不需要启动"排非"程序。

试想，如果一个涉黑案件，所有被告人的供述，因为没有同步录音录像都被排除掉了，或者是不作为定案的根据了，那显然这个案件是没有办法来认定的。这就要求我们带着研究的态度对待疑难复杂案件的辩护。

有情有义不逾矩　做有温度的辩护人

有情，是指辩护人对当事人应该有天然的同情心。有义，是指辩护人对当事人应当有本能的正义感。

有情有义，后面还要加上一句"不逾矩"，就是不能超越规矩，这里的规矩是指法律、法规、司法解释和行业规范。

前三种规矩要遵守，后面的职业规范也是要注意的，但是目前的职业规范可能并不完善，也并不职业，而且有些还不具有可操作性。

我们应当知道，当一个人涉嫌刑事犯罪被追诉的时候，他委托了一位律师，这位律师的辩护从比较浅显的道义层面来讲，就是老百姓理解的拿人钱财，替人消灾；从制度层面来讲，这是国家法律设定的被追诉者有权获得辩护的制度，这是社会文明的标志。事实上，从另外一个层面来看，还可以说国家本意就是专门配置一种民间力量来制衡和监督公权力的合法运行。国家强大的公权力对于被刑事追诉的人来讲，是强势的，被追诉者显然处于弱势地位。作为国家允许、当事人委托、专司辩护的专业律师而言，如果对你的当事人没有基本的同情心，就很难给他进行有效辩护，至少是很难倾注全部的心血为他辩护。

当我们介入具体案件的时候，往往会发现，被追诉人犯罪的原因、犯罪的背景，他的成长经历以及案件的社会后果，还有当前的形势政策以及打击的重点，往往会影响他的定罪量刑。如果辩护律师也抱着跟司法官一样的严打、重判思维，那这个辩护就可能不会有效果，当事人也不可能获得利益最大化的结果。这种辩护就会落入之前我提出的一个概念——"套路辩"中。

有的案情极其复杂，有的案卷几百本上千本，你不会见，或者会见一次几分钟，能不能把问题搞清楚？前几天有人还跟我讲，说一个非常有名的大律师，一个非常复杂的案件，他就会见了不到半个小时。后来第二个律师去会见的时候，当事人说，那个大律师怎么才会见我 20 分钟就完了？事儿还没说完呢。所以说，刑事辩护这个特殊的行业中有很多工作无法量化，这就全靠辩护人的自觉，或者说全靠良心。而你没有同情心，哪里会来良心？

前两天我会见一个涉黑案件的第一被告，也就是我们俗称的"黑老大"。会见到最后，他就跟我说：朱律师，我请你来，我希望你对我这个案件不要按照普通的案件来辩护，你要对我这个人有所了解，要对我这个案件的背景有所了解，你了解后一定会同情我。我是一个好人，我怎么会是黑社会老大呢？我做了那么多好事，我捐款都是不记名的，我援建了很多公益项目，你了解我之后，你就会觉得我不是"黑老大"。但是如果你仅仅看案件材料，你可能就会认为我真是"黑老大"，因为有很多证据不是通过正当渠道得到的。

你们看，他也提到"你要同情我"。

大量案件可以印证这一观点：如果你对当事人倾注了同情心，对案件付出了足够的情感，可能你对这个案件的观察、判断和辩护的努力方向以及程度就不一样了，最后案件的辩护效果也就不一样了。

前段时间我也遇到了一起很大的案件，交警执勤中追缉闯卡的违法犯罪驾驶人，被追缉的人驾车狂奔，连闯红灯，最后一次闯红灯时与他车相撞，死了 6 个人，这个案子公安部都通报了。乍一听，一般人就自然觉得死了这么多人，这必须得有人承担刑事责任才行。检察院自然也不会放过，一开始起诉交警玩忽职守犯罪，后来又改成滥用职权犯罪。有意思的是这两个罪名的犯罪构成完全相反，一个是滥用自己的职权，一个是不认真履行自己的职权。为什么会出现这种情况呢？显然就是检察机关完全拿不准这种行为在法律上究竟是不是犯罪，只是觉得事大了，就要插手抓人以平息舆情。而我们从专业的角度判断，交警追缉违法车辆不是天经地义的行为吗？难道其正当性、合法性还有疑问吗？违法车辆闯卡疯狂逃逸，毋庸置疑地具有危害公共安全和他人生命安全的现实危险性，而针对这种危险性，交警追缉就具有了合法性。那么合法行为为什么要被追究犯罪呢？

　　事故发生的直接原因是违法车辆闯红灯撞上别的车辆，责任事故认定书也确定了肇事车辆负全责。那么，这个案件就不能以"交警不追车就不会有事故"这种"罪犯他妈不生他他就不会犯罪"的逻辑来追诉交警的刑事责任。从本质上讲，交警的行为和死人的结果不具有刑法上的因果关系。理论问题其实很简单，但是死的人多了，事就大了。

　　经过调查我们发现，这位被追诉的交警是一位具有 36 年工龄的一线老警察，立功受奖无数，破获大要案众多，曾破获贩卖儿童案件 46 起，解救被拐卖儿童 28 人，获得公安部记功。

　　这样一个一辈子兢兢业业，临近退休之际身无一官半职的一线警察，深夜还在坚守岗位为老百姓保驾护航。难道就因为肇事者的一次严重违法乃至犯罪行为就要执勤警察身陷囹圄吗？案子的法律关系简单，这位当事人应该就是无罪，但他还是被起诉了要判刑，这的确很冤。我们就想，老警察在上面压着任务，还有 3 年就要退休的情况下，年近六旬还带着辅警半夜在路上执勤，维护交通安全，何罪之有？

　　死了 6 个人是一个事件，事件的确很大，但是交警应不应该承担刑事责任则是一起案件。是案件就必须回到法律轨道上来分析案情，展开辩护。于是，我就根据犯罪构成、因果关系、追缉的合法性等方面进行分析，提出了无罪辩护。开完庭以后，旁听的很多法律界人士都说，"我原来真的认为他有罪，但听你辩护完了以后，我也觉得他是无罪的"。

　　作为辩护人，仅有同情心还是不够的，一名法律工作者还必须要有本能的正义感。总书记都讲过："没有律师可以求助，公正司法从何而来呢？"想在一个案件当中体现出正义感，这就要求律师明白自己是维护社会公平正义的一种力量。刑事辩护不单纯是商业行为，它在很多方面都体现出了公平正义的价值追求。

　　首先，辩护一个具体的案件，要把握如何把事实辩护清楚了，把法律适用搞准确了；其次，也要去发现在这个案件中如何实现社会的正义，如何实现社会主义的核心价值观。当你发现这个案件中存在非法证据的时候，你是仅仅在法庭上提示一下，使这个案件的非法证据部分不被采信甚至被排除，还是继续提出控告，要求追究相关违法者的责任？到何时为止？你有没有义务向监察机关、检察机关反映这个案件中存在的问题？这都是需要思考的。也许这就是刑事案件与民事案件、非诉案件不一样的地方。后者可能追求的就是当事人财产利益的最大化，而刑事辩护律师在维护当事人利益最大化的基础上，还需要考虑如何在个案中实现社会公共利益、公平正义的最大化。

我们说的"义"，除了"公平正义"之外，还有一层意思就是"侠义"。例如，有一起涉恶的案件，检察官曾当庭建议"不定恶势力"，但是二审法院没有直接改判却发回重审了。同时，还出现了一个新的问题：当事人没钱请律师了。这个案件一审不是我辩护的，原来的二审也不是我辩护的，原来的发回重审还不是我辩护的，我是第二次二审参与辩护的。二审法院二次发回重审，而且同样以事实不清、证据不足的理由发回重审。但是现实的问题是当事人没钱支付律师费了，那我还要不要管这个案子？

我其实也没有时间继续办下去了。如果是你，你看到家属哭了起来，而你对这个案子也研究得很深，你怎么选择？你说你接还是不接？接了，可能还有第三次二审；不接，又明显感觉这个案件就是个冤案，似乎觉得你还能做点什么。这就是一种纠结，本质上这就是你是否还能在具体的案件中迸发出本能的"侠义"的纠结，是关于你的"侠义"精神能持续多久的纠结。

最后，我还是接了。

当然，有些时候也要看情况。前几年山东某银行有个案件，是我给辩护的。行长等四名被告，一审判了6年有期徒刑不等，我介入二审辩护，后来二审发回重审。重审后四个被告人中，两个人"实报实销"，两个人免除处罚，全部当庭释放。但是后面他们还要上诉，银行说希望我能继续免费辩护。我说你们这个案子，我已经"买一送一"了，不能"买一送二"啊。这案子也不符合法律援助的条件，你是一家银行，市值几千亿元啊，怎么也要跟我谈免费的事情呢？所以第二次上诉我就没有继续辩护了，后来也就维持原判了。所以说对当事人有情、有义，也要看是什么样的当事人。比如也有极个别的当事人明明很有钱，但也要拖欠律师费，这种人以诈骗犯罪当事人居多，这也是我在教"犯罪心理学"的时候发现的。但是，我们依旧对他们抱有同情，向他们展示侠义，尽管他们可能也把我们当作"忽悠"的对象，只是我们假装没有看到。

有些当事人真让我很敬佩，像南昌大学原校长周文斌、广东省中医药工程研究院原院长涂瑶生等一些专家、学者，我们可以从他们身上学到很多东西。尽管他们人在看守所，但是我能从他们身上发现很多难能可贵的品质。对于这些高级别的专家、学者的案子，有人说不好辩护，怎么辩护都没有效果，但是，我不认为完全就是这样。周文斌案、涂瑶生案我们依然倾注了大量心血去展开辩护，周文斌案原定开庭3天，结果我们开了32天；涂瑶生案二审根本就不开庭。但是，我们在这种背景下依然使这两个被控职务犯罪的厅级干部二审得以改判，同时还通过庭内庭外独特的辩护工作为他们赢回了尊严。

周文斌这位曾经"最帅的大学校长"从一审无期徒刑到二审改判为12年有期徒刑。涂瑶生这位集医学、药学于一身的学者型官员，从一审11年有期徒刑到二审减刑4年，前几天正好获得自由。我们发现，涂瑶生这起案件应该是广东省十八大以来逾百名厅级官员被查处的案件中唯一一个二审改判的。

如果你具体研究，就会发现每一个案件都有自己的特色，都有可以努力的方向，都有可做的工作。关键是你是准备走"套路"还是秉持法律和良知去坚持。有的案子如果不投入"情"和"义"，辩护几乎就没有任何希望。很多二审案件不开庭，律师连法官都见不到，就让你交辩护词，请问你交还是不交？你不交，没准儿律协、司法局说你不尽职。你交，连法官都见不到，怎么办？你可能会觉得这个案子非常冤，就寄材料，但是谁看？主审法官看还是助理看？还是合议庭成员们都看？你无法知道。在这种情况下，你是否想过还能用什么策略去开展辩护？你是否可以做到采取一切合理、合情、合法的方法去最大限度地维护当事人的合法权益？

有时候，我们也扪心自问，这个案子，我真的竭尽全力了吗？有的案子辩护效果比较好，我也会问，是我对这个案件的法理分析和事实证据的运用起了作用？还是有其他原因？

我想说的是，我们要做有温度的辩护人。你看到的案件，背后是活生生的人性、人情、故事。它不仅仅是展现在我们面前的几百本案卷和光盘。如果你只会就一堆案卷展开辩护，那辩护的空间就是相当有限的。因为这里涉及两个基本问题：第一个问题是，案卷反映的案情是真的吗？证据是合法取得的吗？答案往往是：案卷不一定是真的，它可能存在非法取证、编造证据的问题。第二个问题是，法官是这个案件的真正裁判者吗？我们理论上所说的"说服法官"是个真命题吗？显然，不一定。从最高院的判例中我们就读到了很多案例是违反了两审终审制的基本司法原则的。那么，我们是见怪不怪，还是本能地觉察到问题所在并一一击破？我们会坚守心中的正义吗？

真正在办案中做到有情、有义、不逾矩，还是很难的。但是，不管有多难，只要你对法治怀有温度，就会收获有温度的法治。

续

记得在《无罪辩护》的后记中，我写下了"未完，待续……"没想到这本续集竟阔别六年之久。

六年的时间，中国刑事辩护领域发生了很多重大改变，优秀的刑辩律师受到了社会各界的关注，越来越多的律师投入刑辩业务。近年来，我还一直呼吁教授要"走下讲台，走上法庭"。此前只能在教科书上看见的学界高人开始出现在刑辩一线，与许多热情高涨的年轻律师同台竞技。可以说，每一场大案的实战都是刑辩律师检验自身水平的一次难得机会。台上一分钟，台下十年功，庭审恰恰是律师展现自己的努力程度、积累厚度最直观、最宽广的舞台。我们经历的每一起案件涉及的具体事实不同、产生的背景不同，作为辩护律师在不同诉讼阶段遇到的办案人员也不同。每一场大案的历练都是刑辩律师学习、提升的难得机会，这些都是课堂式教学不能满足的。

不同于传统的教科书，有非常规范的章节体系和目录指引；也不同于以往的律师办案手记，着重描写办案过程的个中艰辛。这本书收录的是一些个人的思考、办案经验的分享和团队庭后的案件复盘，希望从各个层面反映出具体的办案思路是如何形成的，以及这些思路和方法是如何在个案中发挥作用的。也许不成体系，但半生经验，倾囊相授。

我一直认为，优秀的刑辩律师往往天生就具备能够成功的一些基本素质：他一定具备创造性的工作能力，他一定兼具坚忍不拔的毅力，他一定耐得住寂寞、经得起风浪，他始终能尝试穷尽一切合理、合法的方法试着把他的委托人解救出来。

那么，我希望拿到这本书向往成为一名优秀刑辩律师的你，再次认真地问一问自己：你准备好了吗？

你准备好了忍受"三年冷板凳"的孤独之苦吗？

你准备好了远离世俗，等待鲲鹏振翅吗？

你能否做到翻山越岭，为真相、为正义而不停奔波？

你是否可以穿越寒冬，顶风冒雪而依然前行？

如果你的答案是"准备好了"，希望这本书能帮你在重重迷雾中找到一线光亮。

最后，要郑重感谢清华大学出版社，特别是刘晶编辑，从六年前的《无罪辩护》到六年后的《刑辩私塾》，不变的是日复一日的催稿，始终耐心的等待。我还要感谢贝贝同学的录音、文字整理，也要感谢北京大学出版社漫长的等待和中国政法大学出版社的橄榄枝。最后要感谢我的那些当事人，是他们用自己的苦难给予了我写下去的动力。